누구나 쉽게 배우는 김바울 교수의
킹옥션 세관공매

누구나 쉽게 배우는 김바울 교수의 킹옥션 세관공매

ⓒ 김바울, 2017

초판 3쇄 발행 2017년 10월 12일

지은이   김바울
펴낸이   이기봉
편집   좋은땅 편집팀
펴낸곳   도서출판 좋은땅
주소   경기도 고양시 덕양구 통일로 140 B동 442호(동산동, 삼송테크노밸리)
전화   02)374-8616~7
팩스   02)374-8614
이메일   so20s@naver.com
홈페이지 www.g-world.co.kr

ISBN   979-11-5766-054-4 (03320)

이 도서의 국립중앙도서관 출판예정도서목록(CIP)은 서지정보유통지원시스템 홈페이지(http://seoji.nl.go.kr)와 국가자료공동목록시스템(http://www.nl.go.kr/kolisnet)에서 이용하실 수 있습니다.(CIP제어번호: CIP2014036418)

누구나 쉽게 배우는
김바울 교수의

킹옥션
세관공매

김바울

좋은땅

목차

킹옥션

세관공매 쉽게 알아보기

Q & A로 알아가는 세관공매

이야기로 배우는 세관공매

♛
Q & A로 알아가는 세관공매

Q. 세관공매가 무엇인가요?

A. 세관공매는 최근에 떠오르는 부업 및 재테크, 창업 수단으로, 해외에서 수입되는 물건이나 화물에 대해 세관에서 수입 통관을 하는데, 조세확보 차원에서 관세와 부가세를 부과하고, 국민건강에 유해하거나 문제가 되는 물건들을 압류 및 몰수하게 됩니다. 이 물건들을 주인이 일정 기간 이상 관세와 부가세 등을 납부하고 찾아가지 않으면 법률에 의거하여 공매 처분하게 됩니다.

이때 일주일 단위로 진행되는 공매에서 낙찰되지 않은 물건들은 10%씩 가격이 하락하면서 다음 공매로 넘겨지게 되는데, 세관에서는 최대 50%까지 물건가격이 떨어질 수 있습니다. 세관에서 낙찰받지 못한 물건들은 상이군경회로 넘어가 다시 공매로 진행되는데, 이곳에서는 물건이 팔릴 때까지 매주 10% 가격이 하락하게 됩니다.

즉, 세관에서는 1억 하던 물건이 5,000만원까지 하락하고, 상이군경회에서는 다시 6차례 공매를 통해 2,500만원까지 떨어지고, 이때에도 낙찰자가 나타나지 않으면 또다시 재공매를 통해 1,250만원, 625만원, 심지어 그 이상 가격이 떨어질 수도 있어 자신이 원하는 물건을 싸게 구매하거나 다른 곳에 판매해서 수익을 낼 수도 있습니다.

세관공매는 인터넷과 전화만 있으면 입찰부터 판매까지 가능하기 때문에 굳이 현장을 뛰어다니지 않고서도 집이나 직장에서 앉아서 일을 처리할 수 있고, 수익도 창출할 수 있기 때문에 최근에 사람들 사이에서 투자와 재테크의 블루오션으로 떠오르고 있습니다.

Q. 세관공매로 얼마나 벌 수 있나요?

A. 얼마를 벌 수 있느냐는 본인 하기 나름입니다. 직장인들은 직장에 몸이 매여 있기 때문에 판매방식이나 판매처를 알아보는 시간이 넉넉하지 못합니다. 따라서, 정해진 시간 안에 약간의 수익금을 남기고 팔게 되면 판매처는 얼마든지 많기 때문에 판매가 수월할 수 있습니다.

만약에 시간이 많은 분이시라면 낙찰받은 제품을 본인만의 창조력으로 변형시켜서 판매방식이나 가격을 정할 수 있기 때문에 세관공매를 일반 직장인보다는 높은 가격에 판매할 수 있습니다. 가령, 낙찰받은 물건이 화장품이라고 할 때, 직장인은 화장품 업체나 도매상에 도매가격보다 낮은 가격에 물건을 넘겨 차액을 남기겠지만, 시간적으로 여유가 있는 사람이라면 옥션이나 G-마켓 등 다양한 판로를 통해 조금 더 비싸게 판매할 수 있겠죠.

여기서 중요한 것은 입찰하기 전에 미리 물건을 판매할 수 있는 판매처를 알아놔야 하는 것과 보다 더 저렴한 가격으로 낙찰을 받아야 한다는 것입니다. 판매처를 미리 알아두지 않으면 낙찰 후에 판매처를 찾느라 고생할 수도 있고, 저렴한 가격이 아니라면 사람들이 쉽사리 물건을 구입하려 들지 않기 때문입니다.

누구나 다 물건을 비싸게 팔아 많은 수익을 내고 싶겠지만, 물건을 구입하려고 하는 사람들도 되도록 싸게 사고 싶기 때문에 적정한 가격선을 제시할 필요가 있습니다. 본인이 너무 욕심을 내 높은 가격을 제시하면 아무도 물건을 사지 않을 수 있어 판매하지 못하는 경우가 생겨날 수 있습니다. 제품에 대한 확신이 있지 않는 이상, 적정한 가격 선에서 판매하고 다른 세관공매 물건을 골라 입찰과 낙찰, 판매를 경험하여 구력을 기르시는 게 좋습니다.

Q. 세관공매를 시작하려면 얼마 정도가 필요한가요?

A. 세관공매를 하는데 있어 특별히 많은 돈이 필요한 건 아니지만, 본인에게 여윳돈이 있다면 도움이 되긴 하겠죠. 하지만 꼭 그렇지만은 않습니다. 본인에게 돈이 없다면 없는 대로, 투자할 수 있는 돈이 있다면 있는 대로 방법이 있기 때문입니다.

세관공매에서 입찰을 할 때 물건 값의 10%를 입찰보증금으로 내야 하는데, 천만원짜리 물건이라면 입찰보증금 백만원이 필요하겠죠. 만약 본인에게 백만원이 없다면 재빠르게 판매업체를 찾아 구입의사를 물어본 후 계약금으로 백만원을 받아 입찰보증금으로 사용하면 됩니다. 본인이 낙찰받지 못한 경우, 업체로부터 받은 계약금은 돌려주면 됩니다. 물론, 업체로부터 계약금을 받을 때 위약금 조항 없이 계약금을 돌려준다는 구두계약 내지는 서면계약을 해야겠죠.

이처럼 별도의 큰 자금이 없어도 세관공매는 가능합니다. 하지만 처음에는 작은 금액부터 도전해 어느 정도 세관공매에 눈을 떴을 때 그때부터 시작해도 무방하리라 봅니다. 하지만 돈이 크든 작든 세관공매를 하시는 분들이 가장 경계해야 하는 것은 자만심과 욕심입니다. 이렇게 판매하면 되겠지, 여기에 판매하면 높은 가격에 판매할 수 있겠지 생각하고 있다가는 낭패를 볼 수도 있습니다. 돌다리도 두들겨보고 가라는 말이 왜 있겠습니까? 그리고 욕심이 지나치면 아무것도 보이지 않아 큰 손실을 불러올 수도 있습니다.

Q. 세관공매, 배우는 데 특별한 조건 같은 게 필요한가요?

A. 배우고자 하는 의지만 있으면 됩니다. 학생이든, 직장인이든, 가정주부이든, 직업이 있든 없든 그건 상관없습니다. 퇴직 이후 노후를 위한 수단으로도 준비하셔도 좋습니다. 다만, 시간을 얼마나 투자할 수 있느냐에 따라 수익률은 크게 달라질 수 있습니다. 시간이 많이 있는 사람은 부족한 사람에 비해 공매 제품을 꼼꼼히 분석하고 난 후 낙찰을 받을 수 있어 제품 경쟁력을 남들보다 더 확보할 수 있습니다.

또한, 시간이 상대적으로 많은 사람은 물건을 보다 비싸게 팔 수 있는 방법들을 생각해 낼 수 있기 때문에 남들보다 비싸게 팔 확률이 높습니다. 반면 직장인들은 직장에 매어 시간을 낼 수 없어 빨리 물건을 판매해야하기 때문에 상대적으로 낮게 판매할 수밖에 없습니다. 대신 안정적으로 월급을 받는 동시에 세관공매로 또 다른 수입까지 얻을 수 있죠.

이렇듯 세관공매는 본인이 하기에 따라 수익률의 차이가 날 뿐, 인터넷과 전화만 있다면 누구나 다 가능합니다. 직장인도 5분만 시간을 내면 입찰을 할 수 있기 때문에 직장과 병행할 수 있죠. 물론, 공매에 나온 물건들을 평상시에도 꼼꼼히 봐둬야 한다는 사실, 잊지 마시고요.

Q. 세관공매, 일반인들이 배우기에 너무 어렵지 않나요?

A. 사람이라면 누구나 다 생소한 분야에 대한 두려움과 어려움을 느낄 수 있습니다. 지금까지 이 글을 읽어오면서 어렵게 느끼셨나요? 마치 여러분 앞에서 대화하듯 이야기하고 있잖아요. 이 책 어디에도 아주 어려운 부분은 없습니다. 그러니까 여러분들도 하나의 이야기를 듣듯이 이 책을 읽어주시기 바랍니다.

하지만, 이 책을 모두 읽었다고 '세관공매, 별 것도 아니네' 생각하고 함부로 세관공매에 뛰어들어서는 안 됩니다. 이 책은 세관공매를 잘 모르시는 분이나 세관공매의 정보를 어느 정도만 아시는 분들을 위해 만들어진 책이지, 세관공매에 대한 모든 게 다 들어있지는 않습니다. 세관공매를 전혀 모르시는 분과 일 년 동안 세관공매를 해보신 분, 그리고 십 년 동안 세관공매를 하신 분들이 어떻게 실력이 같을 수 있겠습니까?

이 책을 모두 읽으시고 세관공매를 배워보고 싶으신 분들은 인터넷 검색창에 '킹옥션' 국내최초 세관공매 전문교육기관 한국세관공매학원을 검색해서 둘러보시고, 전화로 상담 받으신 후에 교육과정을 밟으시면 됩니다. 교육과정은 기초반, 중급반, 고급반으로 구성되어 있으며, 이론과 실전을 같이 배우기도 하고, 따로 배우는 과정도 있습니다.

기초반을 끝낸 분들 중에 간혹 시험 삼아 공매를 해보신 분들이 계시는데, 이때도 교육을 받으시는 분들이 조언을 많이 구하기도 합니다. 그리고 세관공매를 몇 번 해보다가 재미가 있어서 그런지 탄력을 받으시는 분들이 있는데, 어떤 일에라도 항상 자만심과 욕심은 경계해야 합니다.

Q. 공매를 하다가 낭패를 볼 수도 있나요? 이를테면 문제나 범법행위 같은?

A. 신문이나 TV 등을 통해 주식이나 부동산, 다단계 등의 사기 소식을 접해본 분이시라면 누구나 다 이런 걱정을 하실 겁니다. 걱정하시는 게 십분 이해가 되고요. 하지만 세관공매는 우선, 세관이나 상이군경회은 정부부처의 산하기관으로, 국가가 나서서 국민들에게 사기나 범법행위를 조장하겠습니까?

세관공매는 우리나라 법률 중 '국가를 당사자로 한 계약에 대한 법률'에 명시 및 규정되어 있습니다. 즉, 개인이나 단체, 업체와 거래를 할 때에는 본인도 모르는 사이에 소송에 휘말릴 수 있지만, 국가를 상대로 거래했기 때문에 안전하다는 것입니다.

세관 압류물품 중 문제가 될 만한 물건들은 국가가 알아서 폐기 처분하고, 국내에 유통해도 될 만한 물건을 골라 공매 처분한 후 조세를 확보하기 때문에 공매를 통해 낙찰받은 물건을 판매해도 아무 상관없습니다. 국가가 아닌 개인이나 단체, 업체를 통한 물건의 경우 자신도 모르는 사연이 숨겨져 있을 수도 있기 때문에 일반적으로 거래가 되지 않는 물품의 경우 조심하셔야 합니다.

세관공매에서 낭패를 볼 수 있는 일? 있을 수도 있습니다. 하지만, 그건 여러분이 자초해서 생겨나는 일일 뿐이지, 제도적으로 낭패를 볼 일은 없습니다. 예를 들어, 본인이 공매에 나온 제품을 꼼꼼히 분석하지도 않고 막연하게 어디 팔면 되겠지 얼마에 판매하면 되겠지 생각하고, 투자를 함부로 하면 낭패를 볼 수도 있습니다.

세관공매 제품들은 시중가격이나 도매가격이 아닌, 그보다 훨씬 낮은 가격으로 접근해야지, 시중에서 운동화가 3만원 한다고 1만원에 낙찰받아서 팔면 2만원 수익을 챙길 수 있겠지 생각하면 안 됩니다. 물론, 자신이 직접 좌판을 만들어 판다면 모를까, 좌판에서 1만원에 운동화를 파는 사람도 1만원에 물건을 떼다가 1만원에 팔지는 않습니다. 세관공매를 하실 때에는 이런 부분만 조심하시면 됩니다.

Q. 세관공매를 빨리 배울 수 있는 방법은 없나요?

A. 지금 세관공매를 배우시는 분들 중에는 100만원을 투자해서 100만원이나 200만원, 300만원을 벌고 싶어 하시는 분도 계십니다. 많은 돈을 벌고 싶어 하는 마음을 모르는 것은 아니지만, 처음 시작하시는 분이나 세관공매를 꼼꼼히 배우시지 않으신 분 중에 계신 걸로 알고 있습니다. 물론, 두세 배 이상의 돈을 벌 수 있는 방법이 없는 건 아닙니다.

하지만, 이렇게 시작하시는 분들은 패착에 빠지기 쉽습니다. 물건을 자세히 보지도 않고 턱없이 높은 가격에 물건을 팔려고 하기 때문에 도리어 물건이 더 안 팔릴 수도 있습니다. 어떤 일이든지 자만심과 욕심은 자신을 망치는 독이 됩니다. 무엇보다 자신의 생각과 눈을 멀게 해 사물과 세상을 똑바로 보지 못하게 됩니다.

주식 같은 경우에도 15~18%의 수익률만 해도 대단히 높은 편에 속한다고 합니다. 이것도 단기간 이루어지는 게 아니라 긴 시간을 필요로 합니다. 하지만 세관경매는 일주일 단위로 10%씩 가격이 떨어지기 때문에 적정한 가격선에서 낙찰을 받아 판매하는 습관을 계속 길러 가다보면 나중에는 자신만의 안목으로 두세 배 이상의 수익률도 가능해집니다.

'빨리 먹는 밥이 체한다'는 속담이 있죠. 빨리 빨리 해서 좋은 일도 있지만, 그것이 여러분의 돈과 관련되어 있다면 조금 더 신중하고 꼼꼼히 살펴보는 것이 좋지 않을까요? 빨리하다 보면 본인이 놓치는 사실들이 많아져 실수로 연결되기 쉽습니다. 천천히 다양한 경험을 하면서 노련미를 키워가는 것이 실수하지 않고, 큰돈을 벌 수 있는 기초를 마련해 나가는 겁니다.

Q. 킹옥션은 어떤 사이트고, 한국세관공매정보, 한국세관공매학원은 어떤 곳 인가요?

A. 킹옥션은 한국세관정보에서 운영하고 있는 사이트로, 우리나라에서 최초이자 유일하게 세관경매 정보를 제공하고 있습니다. 물론, 세관 UNI-PASS 시스템이나 상이군경회 공매 사이트로 들어가게 되면 세관공매 정보를 확인할 수 있지만, 킹옥션에서는 보다 다양한 제품사진과 정보를 한꺼번에 확인할 수 있기 때문에 세관공매를 준비하시는 분에게는 보다 편리합니다.

일반인들이 킹옥션에 들어와 세관공매 정보에 대해 알아갈 수는 있지만, 세관공매를 모르는 일반인들은 킹옥션 사이트에 숨겨져 있는 행간을 알아낼 수는 없습니다. 왜냐하면 킹옥션은 세관공매를 공부하고 실전을 준비하는 사람들을 위한 전문적인 정보를 담고 있는 사이트이기 때문입니다.

또한 한국세관공매학원은 국내에서 최초로 세관공매 교육시스템을 만들고 강의한 김바울 교수가 설립한 국내최초의 세관공매교육 학원입니다.

Q. 공매와 경매, 무슨 차이가 있나요?

A. 흔히들 경매라는 용어는 여러분들께서도 많이 들으셨겠지만, 공매라는 용어는 다소 생소하시리라 봅니다. 이 두 용어에는 차이가 있습니다. 공매는 국가가 주체로 조세확보 차원에서 세금을 걷기 위해 물건을 매각하는 것을 말하고, 경매는 민간이 주체로 채권과 채무를 해결하기 위해 물건을 매각하는 것을 말합니다.

가령, 경매는 집을 담보로 은행에서 5천만원을 대출받았는데, 이를 갚지 못했을 때 담보로 잡힌 집을 은행에서 매각하여 채권에 얽혀 있는 개인이나 기업, 금융권의 빚을 우선순위별로 처리하고 갚도록 하고, 채권 문제가 해결되었을 때 남는 돈은 당사자에게 돌려주게 됩니다.

하지만 공매는 세금을 납부하지 않아 압류된 물품을 국가가 당사자에게 공매로 물건을 처분하겠다고 통보했음에도, 세금을 납부하지 않고 찾아가지 않으면 공매로 처분하게끔 돼 있습니다. 이때 낙찰받은 금액은 국가의 세원으로 충당되고, 물건을 낙찰받은 사람은 본인이 임의대로 판매해서 처분할 수 있다는 게 다릅니다.

이야기로 배우는 세관공매

여기 우리 시대에 아주 평범한 웅이 아빠가 있습니다. 웅이 아빠는 두 아이의 아빠로 오랫동안 평범한 직장에 다니면서 가정에 충실한 가장이었습니다. 그러다 웅이 엄마가 셋째를 임신하게 됐는데, 웅이 아빠는 가장으로서 세 아이를 키워야 한다는 부담감이 생겼습니다. 직장생활에는 한계가 있고, 뻔한 직장 월급으로 앞날이 막막하기만 했습니다.

여기에 엎친 데 덮친 꼴로 회사 사정도 날이 갈수록 어려워지게 되었습니다. 그러던 참에 다른 사업을 해보려고 후배를 만나 상의를 하게 됐습니다. 그러다 후배가 커피포트를 중국에서 수입해서 홈쇼핑에 납품하는 게 어떻겠느냐 제안을 하게 됩니다. 후배가 제안해 준 제품은 울트라 커피포트로, 홈쇼핑에 납품하면 수익을 많이 남길 수 있다고 합니다.

제안받은 울트라 커피포트는 디자인도 예쁘고 기능도 굉장히 뛰어난 제품으로, 장점이 많고 최신 유행하는 제품이었습니다. 웅이 아빠도 시장조사를 통해 이 제품이 마음에 들어 홈쇼핑에 납품하려고 계획을 세우게 됩니다. 중국에서 커피포트를 만원에 수입해서 홈쇼핑에 3만원에 납품하게 되면 각종 수수료를 제외하고도 한 대당 7천원 정도의 수익을 남길 수 있다고 판단이 됐습니다.

중국 현지 공장도 방문해 커피포트 제품도 꼼꼼하게 체크하고, 우리나라 홈쇼핑 업체도 방문해 담당자를 만나 홈쇼핑에 물건을 납품하기로 약속을 받게 됐습니다. 이로써 사업을 추진하는 데 모든 과정을 체크했는데, 걸리는 게 바로 사업자금이었습니다.

이 커피포트를 최초 3만개를 수입해서 납품을 하려다 보니까 한 대당 만원씩 3억원대이다 보니 최초 물품비용만 3억 이상 필요하게 됩니다. 거기다 사업을 하려다 보니 사무실도 하나 차려야 하고, 국내 유통도 하려다 보니 직원도 한 명 구해야 돼서 적어도 4억이 필요하게 됐습니다. 그래서 웅이 아빠가 회사를 그만두게 되면서 퇴직금 받은 5천만원에 주변 아는 지인들에게서 빌린 돈과 은행에서 대출을 받아 총 4억원으로 홈쇼핑 납품사업을 시작하게 됩니다.

그렇게 사업을 시작한 웅이 아빠가 중국 출장을 다니며 점검한 결과,

처음 예상한 대로 3억에 제품을 수입해다가 홈쇼핑에 납품하면 각종 경비를 제한다고 해도 2억 정도의 수익을 남길 수 있다는 걸 확신하게 됩니다. 웅이 아빠는 금방 돈방석에 앉을 수 있겠다는 부푼 희망에 곧바로 커피포트 홈쇼핑 납품사업을 시작하게 됩니다.

웅이 아빠는 중국 현지공장과 연락해 커피포트 수입을 추진하게 되고, 중국에서 만든 제품들이 정해진 날짜에 수입돼 인천항만에 커피포트 제품이 선적이 되기 시작했습니다. 웅이 아빠와 웅이 엄마는 미래의 꿈을 키우면서 신이 나서 기쁜 마음에 잠 못 이루면서 홈쇼핑에 커피포트를 납품해서 번 돈으로 계속 물건을 수입해다가 홈쇼핑 이외에도 백화점과 다른 곳에도 납품하면 더 많은 돈을 벌 수 있다고 생각했습니다.

그래서 이후에는 좀 더 많은 돈을 투자해 중국 현지공장에 시설 투자를 확대하고, 국내 판로를 개척하는 등 사업계획을 확대 수정하려고 마음먹게 됩니다. 중국에서 인천항에 배로 들어와 물건이 보관되는 곳을 보세창고라고 하는데, 보세창고는 세관의 관리 하에 외국에서 수입되는 화물이나 물품을 보관 장치하는 창고를 말합니다.

외국에서 물건이 들어올 때 국가에서는 조세 확보차원에서 세관에서 수입통관을 하게 돼 있는데, 이때 수입통관에서는 두 가지 목적이 있습니다. 하나는 관세와 부가세 등 조세 확보차원이고, 다른 하나는 수입되는 물건이 국민건강에 유해하거나 문제가 될 만한 물건을 걸러내기 위해서입니다.

 이렇게 물건을 수입해 보세창고에 선적돼 있고, 수입통관 작업과 관세와 부가세를 내는 일만 남아있게 된 웅이 아빠는 후배와 함께 홈쇼핑 담당자를 만나러 가서 물건이 들어왔으니 TV에서 판매방송을 할 수 있는 준비를 하면서 방송일자를 잡게 됩니다. 여기까지는 모든 것이 순조롭게 웅이 아빠가 계획한 대로 흘러가고 있었습니다.

 그런데 그날 밤 TV뉴스에서 중국산 커피포트에 중금속 오염물질이 섞여있는 유해화학성분이 검출되어 있다고 대대적으로 보도가 됩니다. 웅이 아빠는 너무 놀라 당황해하고 있는데, 그때 홈쇼핑 담당자에게서 전화가 옵니다. 홈쇼핑 담당자도 TV 보도 내용을 말하면서 제품에 문제가 있고 정확한 원인이 규명될 때까지 당분간 판매를 보류하자고 하면서 확정되었던 방송일자가 무기한 연기되게 됩니다.

 설상가상으로 웅이 아빠는 충격을 받게 됩니다. 물건은 인천항 보세창고에 와 있는데 보세창고에 있는 물건들에 대한 검사는 강화되고, 홈쇼핑에서는 유해화학성분에 대한 원인이 규명돼야 한다면서 방송 판매기한을 약정하지도 않은 채 시간은 그렇게 흘러가게 됩니다. 그러다 4개월이 지나면서 웅이 아빠를 힘들게 만드는 또 다른 일들이 벌어지게 됩니다.

바로 홈쇼핑 납품사업을 하면서 빌린 돈을 갚으라는 주변의 압박이 들어오게 된 겁니다. 초기 사업자금 4억 중 웅이 아빠의 돈은 퇴직금 5천만원뿐, 나머지가 모두 지인들에게서 빌린 돈과 은행에서 대출받은 돈이었고, 다 합쳐 3억 5천만원이다 보니 한순간에 웅이 아빠는 빚더미에 앉게 됩니다.

그리고 홈쇼핑으로부터 물건을 방송에 내보내지 못하겠다는 최종 통보가 날아들게 됩니다. 그래도 커피포트에 대한 검사 결과가 무효로 판명이 되면 다시 홈쇼핑에서 판매할 수 있다는 실낱같은 희망을 가지고 있었던 웅이 아빠는 끝내 좌절하게 됩니다. 하지만, 어떻게 해서라도 가족의 생계를 책임져야 하기 때문에 밤에 대리운전까지 하면서 고통의 나날을 보내게 됩니다.

그리고 또 한 달이 지나서 웅이 아빠는 보세창고에서 한 통의 전화를 받게 됩니다. 보세창고에 있는 물건을 다음 달까지 찾아가지 않으면 공매처분 하거나 폐기 처분을 할 수밖에 없다고 이야기를 듣게 됩니다. 커피포트처럼 수입된 화물이 보세창고에 들어가 법적 보관기일이 경과되는 것을 장치기간 경과화물이라고 하는데, 웅이 아빠가 수입한 커피포트도 법적 장치기간인 6개월이 다 돼가기 때문에 이런 전화를 받게 된 겁니다.

하지만 각종 빚에 시달리면서 가족들의 생계를 위해 대리운전까지 하고 있는 웅이 아빠로서는 물건을 되찾고 싶어도 찾을 방법이 없었습니다. 가뜩이나 어려운 형편에 웅이 아빠가 수입한 커피포트 3억에 대한 관세 8%와 부가세 10%, 보세창고료 등 6천만원이 넘는 돈이 있어야 통관할 수 있었는데, 이 돈을 구할 수도 없었기 때문입니다. 설사 구할 수 있다 하더라도 당장 물건을 보관할 장소와 경비도, 이 물건을 판매할 곳도 없었기 때문에 결국 포기할 수밖에 없었습니다.

웅이 아빠가 수입한 커피포트처럼 수입된 물건이 통관을 하지 못하고 보세창고에 보관되어 있는 화물을 장치기간 경과화물이라고 하고, 보세창고에서 6개월 동안 물건의 주인이 관세와 부가세, 창고보관료 등을 지불하지 않고 찾아가지 않으면 세관에서는 이 물건들을 공매로 처분하게 돼 있습니다.

세관에서는 외국에서 수입한 화물이라든지 외국여행자가 국가가 정한 기준 이상 물품을 들여온다든지, 컨테이너를 수입하는 화주가 도산했다든지, 제품을 납품하기로 한 곳에서 계약 불이행의 사유로 물건을 판매할 루트를 잃어버리는 등 여러 가지 사정으로 인해 세관을 통관하지 못한 물건들에 대해 일정한 보세구역장치기간이 지난 다음 공매로 나오게 됩니다.

이렇게 세관에서 장치기간이 경과한 화물을 공매처분 하는 것을 체화공매라고 합니다. 6개월의 장치기간이 경과한 화물은 세관에서 절차에 의해 공매를 진행하게 되는데, 체화공매는 1차부터 6차까지 총 6회에 걸쳐 공매를 진행하게 됩니다.

웅이 아빠도 보세창고에서 한 달 이내에 물건을 치우지 않으면 공매 처분될 수 있다는 통보를 받았고, 시간이 조금 더 지나 중국에서 수입한 커피포트가 공매에 나와 다른 사람에게 팔릴 수도 있다는 사실을 알게 됩니다. 하지만 웅이 아빠로서는 빚더미에 앉은 채 빠듯한 생활을 하다 보니 별다른 방법이 없기 때문에 속수무책일 수밖에 없었습니다.

그러던 어느 날 웅이 아빠가 밤에 대리운전을 하는데, 후배가 공매 사실을 알고 전화를 해서 어떻게든 물건을 찾아야 하지 않겠느냐는 말을 하지만, 관세와 부가세, 창고보관료 등 6천만원을 구하지 못해 이미 포기하기로 했고, 물건을 팔 수 있는 곳도 이미 없어져 버렸다고 한숨 아닌 한숨을 내쉬게 됩니다. 웅이 엄마도 남편이 야심차게 준비한 사업이 그렇게 돼 아쉽지만, 그래도 남편의 손길이 닿은 물건이라 얼마에 팔리는지 지켜보기로 합니다.

웅이 아빠가 수입한 커피포트는 최초 수입가격 3억에 관세 8%와 부가세 10%가 더해져 공매 최초예정가격이 3억 5천4만원에 정해지게 됩니다. 이렇게 공매가격이 3억 5천4만원으로 정해진 다음 1차 공매에 나오게 됩니다. 1차 공매에서 이 물건을 낙찰받은 사람이 없다면 일주일 후 2차 공매로 넘어가게 돼 있는데, 2차 공매에서는 1차 공매가격에서 10%(3천5백4십만원)가 떨어진 금액으로 나오게 되고, 3차에서는 원래 공매가격의 20%가 떨어진 가격으로 입찰가격이 정해지게 됩니다.

이렇게 물건이 팔리지 않고 계속 물건값이 떨어지는 것을 보면서 웅이 엄마는 남편이 수입하려던 물건이 턱없이 낮은 가격으로 떨어지는 데도 팔리지 않는 것을 보며 가슴이 아픈 한편, 이상하다는 생각을 하게 됩니다. 3억에 수입한 물건이 1억 이상 떨어졌는데도 왜 아무도 사가지 않지? 사람들이 내 남편의 물건이 공매에 나온 것을 모르나 생각하게 됩니다. 그러는 사이 그 물건은 공매 6차에 1차 가격의 절반인 1억 8천만원대까지 떨어지게 되지만, 그 물건을 사가는 사람은 어디에도 없었습니다.

이 과정을 계속 지켜보던 웅이 엄마는 공매과정이 다 끝났는데도 왜 팔리지 않았는지, 남편이 수입하려던 물건들은 어떻게 처리되는지 밤새 고민을 하다가 전화해서 물어보기로 합니다. 다음 날 세관 담당자와 통화한 웅이 엄마는 세관에서 1차부터 6차까지 낙찰되지 않은 물건들은 국고귀속예정심의위원회를 통해 국고로 귀속되며, 상이군경회에서 일정 기간이 경과한 후에 다시 공매가 시작될 것이라는 사실을 알게 됩니다.

그러면서 세관 담당자에게 체화공매 기간 중이라도 본래 물건의 화주가 관세와 부가세, 창고보관료를 지불하고 수입통관하면 '면허'가 된다는 사실을 알게 되지만, 웅이 엄마 역시 빚더미에 앉아있는 처지라 엄두를 내지 못하게 됩니다. 결국 체화공매 기간이 지나고, 국고로 귀속된 다음에는 화주 '면허' 자격 또한 소멸된다는 것을 알게 됩니다.

웅이 엄마가 다소 실망한 채 전화를 끊으려는 순간, 세관 담당자가 그 물건을 반드시 찾아야 한다면 본인이 직접 공매에 참가해서 물건을 낙찰받을 수 있다는 방법을 알려주게 됩니다. 웅이 엄마는 그런 방법이 있냐면서 물건이 곧 공매로 나올 상이군경회을 알아가면서 세관공매에 대한 정보를 알게 되고, 세관공매를 전문적으로 교육해 주는 킹옥션을 통해 상담 후 교육을 받게 됩니다.

3억에 중국에서 수입했던 물건이 유해성분이 들어있다는 이유로 체화 1차 공매에서 3억 5천4백만원대로 시작했던 가격이 6차 공매에서 절반인 1억 8천만원대까지 떨어질 때까지 아무도 입찰하려고 하지 않았던 겁니다. 그러던 중 중국 현지공장에서 이 물건에 유해화학성분이 들어있지 않다는 사실을 규명해서 물건에 문제가 없다는 걸 판명하게 됩니다.

결국, 중국에서 수입해 온 3억 어치의 커피포트 제품이 다른 물건에서 검출된 유해화학성분으로 인해 세관을 통관하지 못하고, 체화공매에서도 계속 유찰되어 국고로 귀속된 채 상이군경회으로 넘어가 거기서도 공매에 나왔지만 아무도 입찰하지 않고 있었습니다. 상이군경회 공매 0차 시기에 1억 8천만원에 나온 물건을 아무도 입찰하지 않아 마지막 5차 공매 때는 절반가격인 9천만원대로 떨어지게 됩니다. 낙찰자가 없자 다시 공매 0차 시기 9천만원부터 5차 시기 4천만원대까지 떨어져도 낙찰자가 없었습니다.

본격적으로 세관공매를 공부하던 웅이 엄마도 이 소식들을 매일 점검 하면서 한순간 남편을 좌절시킨 이 일을 전화위복 삼아 설욕전을 준비 하게 됩니다. 결국 웅이 엄마는 3천만원대에서 입찰해서 이 물건을 낙찰 받게 됩니다. 입찰가의 10%인 300만원만 내고 이 물건에 대한 소유권을 가져오게 된 거죠. 이 소식을 전해들은 웅이 아빠는 만감이 교차하면서 지난 일들을 되새기며 가슴 아팠던 순간들을 떠올리게 됩니다.

관세와 부가세 6천만원과 창고보관료 1억 가까운 돈을 구하지 못해 세 관에 압류되었던 물건이 공매로 3천만원에 낙찰되어 찾아왔다는 사실도 기뻤지만, 세관에서 통관을 막았던 유해성분 검출 사실이 웅이 아빠가 수입한 제품에는 없다는 사실에 더욱 기뻤습니다. 힘든 시간을 견뎌야 했던 부부는 그제야 마음 놓고 서로 껴안으며 다시 행복을 꿈꿀 수 있었 습니다.

원래 중국에서 커피포트 3만개를 수입해 쇼핑몰에 한 개당 만원씩 총

3억원에 물건을 팔아 2억원의 순이익을 남기려고 했지만, 이제는 수입한 가격의 10%인 3천만원에 낙찰받았으니 천원만 받고 팔아도 공매에 들어간 3천만원은 해결할 수 있으니까요. 그리고 천원 이상 가격을 받고 판다면 지금 부부를 압박하고 있는 빚더미에서 벗어날 수 있는 기회를 잡은 셈이니까요.

이 사연은 처음에 남편이 가족의 행복을 위해서 시작한 사업이었지만, 세관 통관절차에서 문제가 생겨나면서 관세와 부가세, 창고보관료 등으로 인해 물건을 찾아오지도 못하고, 유해물질로 인해 판매처가 끊기게 되면서 부부가 빚 독촉과 삶의 희망을 갖지 못하고 고통만 받다가 세관 공매를 통해 다시 재기할 수 있는 발판을 마련한 경우입니다.

이처럼 세관에는 사업체 부도나 수입화물 통관절차에서 문제, 관부세 (관세와 부가세)와 창고보관료 등의 비용문제, 여행자 물품, 밀수품이나 몰수품 등 다양한 사연을 가진 물건들이 보세창고에서 주인을 기다리다가 보관을 의미하는 장치기간이 경과한 화물들에 대해 체화공매 대상으로 바뀌게 됩니다. 이 물건이 공매에 나오게 되면 본래의 주인이 찾을 수도 있고, 다른 입찰자가 낙찰을 받을 수도 있습니다. 하지만 낙찰자가 없을 때에는 국고로 귀속되어 상이군경회 공매를 통해 다시 공매처리 됩니다.

이때, 세관에서 진행하는 체화공매 때에는 원래 수입가격인 물건 값에 보통 관세 8%와 부가세 10%가 더해져 최초공매가격이 산정되고, 체화 공매 1차 가격으로 나오게 되지만, 매주 단위로 진행되는 공매에서 낙찰 자가 없으면 1차 가격에서 10%씩 가격이 하락하게 됩니다. 결국 체화공 매 6차에서 가격이 50%까지 떨어지게 되고, 이때에도 낙찰자가 없으면 국고로 귀속되게 됩니다.

국고로 귀속된 제품은 상이군경회으로 넘어가 공매 0차 때부터 5차 때까지 다시 50%의 가격이 하락하게 됩니다. 체화공매에서는 마지막 시 기인 6차 공매 때 낙찰자가 없으면 국고로 귀속되지만, 상이군경회에서 는 6차례 공매를 거쳐 낙찰자가 없으면 다시 재공매를 진행하게 됩니다.

결국 체화공매에서 1억에 나왔던 물건이 6차 공매에서 5천만원까지 떨 어지게 되고, 이 과정에서 낙찰자가 없으면 국고로 귀속되게 됩니다. 상 이군경회에서 이 물건이 0차 공매 때 5천만원으로 다시 공매를 시작해 5 차 공매 때 2천5백만원대까지 물건값이 떨어지게 됩니다. 이때에도 낙찰 자가 없다면 재공매되는데, 재공매 0차 시기에 이전 공매 5차 때의 가격 인 2천5백만원대로 시작해 물건이 공매 때마다 10%씩 떨어져 마지막 5 차 공매 때에서는 1천2백5십만원까지 떨어지게 됩니다.

이때에도 낙찰자가 없으면 물건이 낙찰될 때까지 다시 재공매를 진행하는데, 최초 1억원에 상당하는 제품이 백만원 이하의 가격대까지 떨어질 수 있다는 것을 의미합니다. 물론, 공매가 진행되는 중간에 자신이 찍어두었던 물건을 다른 사람이 가져갈 수도 있고, 본인이 원하는 가격까지 물건가격이 떨어지지 않을 수도 있습니다.

한 가지 정확히 말씀드리고 싶은 것은 세관공매는 국가를 당사자로 한 계약에 대한 법률에 명시되어 있고, 이를 근거로 공매를 하기 때문에 법적으로 아무런 문제가 발생하지 않습니다. 또한, 세관이나 상이군경회에 나온 물건들은 이미 공매조건 등을 거쳐 나오기 때문에 여기에서 낙찰받은 물건들은 법적으로 판매에 문제가 없다는 사실입니다.

또한, 세관공매에 나온 물건들은 매주 10%씩 가격 하락이 빨리 이루어지기 때문에 합리적인 가격으로 접근해 물건을 낙찰받아 다른 곳에 판매하게 된다면 수익을 남길 수 있습니다. 판매차익이 작다면 판매가 쉽고 판매차익이 크다면 판매가 용이하지 않을 수도 있지만, 이것도 여러분이 얼마에 낙찰을 받느냐에 따라 판매차익이 달라질 수 있습니다.

그리고 세관공매 물건들은 끊이지 않고 나오기 때문에 언제나 손쉽게 할 수 있다는 장점이 있습니다. 많은 판매차익을 생각하지 않고 적정선에서 판매한다면 굳이 현장을 뛰어다니지 않고 인터넷과 전화로 모든 일을 처리할 수도 있습니다. 이처럼 장단기적으로도 수익모델이 되기 때문에 세관공매가 최근 주목받으면서 새로운 투자와 사업의 트렌드로 성장하고 있습니다.

여러분들도 세관공매를 자세히 배워가면서 작은 금액부터 시작해 세관공매의 구력을 길러 나가시기 바랍니다. 이를 통해 자신감을 길러 가면 여러분들은 새로운 수익모델을 꾸준히 창출할 수 있고, 지금까지 경험하지 못한 경험을 하면서 새로운 세상을 접하게 되실 겁니다.

제1장

세관공매의 발생원인

♛
세관공매의 발생원인

세관공매가 다소 생소한 말로 들릴 수도 있지만, 쉽게 설명하자면, 가끔 TV나 신문에서 공항이나 항만에서 입국시 몰래 들여오다가 적발된 물품이나 여행자가 해외여행을 다녀와서 물건을 압수당하는 장면을 적어도 한두 번 이상 보셨을 겁니다.

몰래 들여오는 물품은 불법이라서 세관에서 압수하는 것이고, 여행자의 물품을 압수하는 것은 여행자가 해외에서 구입한 물품의 가격이 국가에서 정해놓은 가격을 초과해 구입했기 때문에 압수하는 것입니다.

이러한 업무를 담당하는 세관은 관세청의 산하기관 중 하나로, 공항, 항만, 국경지대에 설치되어 여행자들이 가지고 다니는 물품이나 수출입 화물에 대한 단속업무를 담당하는 기관입니다. 세관에 신고하지 않은 물건들은 압수되고, 국내 반입이 금지 또는 제한이 되어 있는 물품도 세관에 유치되게 되어 있습니다.

또한, 세관에서는 8%의 관세와 10%의 부가세를 납부하지 않은 물건에 대해 압류하여 세금을 징수합니다. 이 세금을 납부하지 않은 물품에 한해 국가가 장기간 보관했다가 주인이 찾아가지 않을 경우 이 물건들을 공매 처분해 세금을 충당하게 됩니다.

일반적으로 관세는 관세청에서 정한 일정금액 이상의 물건을 국내에 들여올 때 부과되는 세금으로, 자국의 산업을 보호하기 위한 세금을 말합니다. 관세는 목록 통관제품과 일반 통관제품으로 나뉘는데, 목록 통관제품은 관세청에서 고시한 품목을 수입자가 제출하는 서류만으로 통관하는 제품을 말하고, 일반 통관제품은 목록 통관품목을 제외한 모든 품목을 말합니다.

우리나라는 한화로 15만원이 넘어가게 되면 관세를 부과하게 되어 있습니다. 또한, 해외여행자 귀국시 미국 달러를 기준으로 1인당 600달러 (2014.9 400달러에서 변경됨) 이상의 물품에 대해 관세를 부과하고 있습니다. 따라서 수입물품, 밀수품, 몰수품, 여행자 물품에 대한 관세와 부과세를 적용해 부과하게 되고, 이를 체납할 경우 세관에서 물품을 압수하게 되는 것입니다.

세관에서 압수된 물품들을 국가가 정한 일정 기간 동안 관세와 부가세를 납부하지 않을 경우, 공매 처분하는 것을 바로 세관공매라고 합니다. 이러한 세관공매의 대상 물품으로는 밀수품, 몰수품, 체화물품, 여구품 등으로 나눌 수 있습니다. 생소한 용어 때문에 너무 어렵게 생각하지 마시고 국가가 밀수, 압수 등의 이유로 6개월 내 세관에 유치된 물품이라고 생각하면 됩니다.

이 물품의 종류를 쉽게 설명하자면 해외여행자가 압수당한 의류나 고급 양주, 귀금속 등 수입제품과, 컨테이너 단위로 쌓여 있는 대량의 수입물품, 부피가 적고 가격이 비싼 다양한 종류의 외국물품을 들 수 있습니다.

세관공매 혹은 체화공매는 세관에서 압수된 여행자의 물품이나 수입화물이 공매로 매각되는 것을 말합니다. 이러한 물건들은 관세청에서 운영하는 '세관공매 전자입찰'을 통해 판매되는데, 입찰자들에게 일반 쇼핑몰과는 다른 색다른 쇼핑의 기회를 줍니다.

공매에 나오는 물건은 일반 여행자의 물건이나 수입업자의 물품까지 그야말로 각양각색으로 다양합니다. 명품가방이나 화장품, 선글라스, 시계, 골프가방 등 굵직굵직한 물건도 있고, 중국에서 수입하다 발이 묶인 고춧가루나 공장으로 들어갈 예정이었던 제조용 원자재도 있습니다.

밀수품(密輸品)은 세관을 거치지 않고 몰래 사들여 오거나 내다 파는 물품으로, 종류는 매우 다양하나, 대표적인 물품으로는 다이아몬드나 고가의 모피 등을 생각하시면 됩니다. 밀수품은 말 그대로 국가에 신고하지 않고 몰래 물건을 들여오기 때문에 해당 물품들은 국가에 귀속하여 처분합니다.

몰수품(沒收品)은 관세법이나 특정 외래품 판매금지법에 의하여 국가에서 수출이나 수입이 금지되어 있어 몰수한 물품으로, 정상적으로 국가에 수출, 수입 신고를 하지 않아 압수하는 물품을 말합니다.

체화물품(滯貨物品)은 세관 공매물품 또는 장치기간 경과화물이라 하는데, 보세구역에 반입된 수입물품, 즉, 외국물품이 국내 관련법 등을 통해 세관을 통과하지 못하거나 화주들이 수입신고를 하지 않거나 사업 경영악화 등으로 통관을 회피하는 물품들까지 포함합니다. 이러한 체화물품은 관련법에 근거해 관세청에서 공매 처분하게 됩니다.

여구품(旅具品)은 해외여행자 물품을 말하는 것으로, 관세법 제 81조에 의거하여 여행자 또는 승무원이 휴대하여 수입하는 물품으로, 여행 목적 및 기간, 물품의 성질, 수량, 가격, 용도 등을 고려하여 우리나라에 입국하는 여행자는 승무원을 제외하고 누구나 무조건 면세, 조건부 면세, 1인당 면제금액 등 일정 한도의 면세권을 가지게 됩니다.

신고 대상품목은 해외에서 취득한 전체 합계금액이 600달러를 초과하는 물건을 대상으로 하며 주류, 향수, 총포, 마약류, 동물, 전자 충격기, 석궁, 유가증권 등은 모두 신고해야 합니다. 만약 2개 이상의 물건이 600달러를 초과했을 때 1인당 면제금액은 고세율 품목부터 적용하게 됩니다.

여기에는 외국에서 들여왔는데 세관의 보세창고에서 통관하지 않은 외국물품과 세관의 보세창고에 있는 외국물품과 구분하는 수입물품, 통관이 되어 우리나라에 들어온 내국물품으로, 물건에 따라 용어의 차이가 약간씩 다릅니다.

또한, 밀수품과 몰수품의 차이는 화주나 업체가 국가에 신고도 없이 몰래 물건을 밀수출, 밀수입 하는 것을 밀수품이라 하고, 이를 국가가 적발해 압류하는 것을 몰수품이라 합니다. 즉, 행위의 주체가 밀수품은 개인이고, 몰수품은 국가가 되는 겁니다.

우리나라 관세법 제269조 밀수출입죄에서는 밀수품을 수출하거나 수입하는 사람에게 10년 이하의 징역 또는 2천만원 이하의 벌금에 처하게끔 돼 있습니다. 또한, 제274조에서는 밀수품을 취득, 양도, 운반, 보관 또는 알선하거나 감정하는 사람은 3년 이하의 징역 또는 물품원가 이하에 상당하는 벌금에 처하게 돼 있습니다.

체화물품은 세관이 지정하는 보세구역 내 보세창고에서 보관을 뜻하는 장치를 하게 됩니다. 장치기간이 경과하면 세관공매에 나오게 되는데, 일주일 단위로 총 6차례 입찰을 통해 물품이 거래됩니다. 이때 공매에 나온 물건이 낙찰자가 없어 유찰되게 되면 제품의 가격은 일주일에 1차례당 10%씩 하락하게 됩니다.

세관공매는 이런 방식으로 1차에서 6차까지 낙찰자가 없다면 원래 제품가격의 50%까지 하락하게 됩니다. 마지막 6차 입찰에서도 해당 체화물품에 대한 낙찰자가 없게 되면 이 체화물품은 국고로 귀속되어 상이군경회에 넘어가게 다시 입찰의 과정을 밟게 됩니다.

한 마디로 간단하게 정리하자면, 세관에서는 압류 및 몰수된 제품들은 체화공매와 몰수품 및 국고귀속물품공매를 통해 나오게 되고, 입찰 과정에서 낙찰된 물건은 낙찰자에게 넘어가게 됩니다. 이때 낙찰된 금액은 국가에 귀속하고, 세관에서 유찰된 물품은 상이군경회에 넘겨져 공매 처분됩니다.

공매에 참여하는 방법은 온라인 경매형식과 유사합니다. 먼저, 관세청 통관포털 사이트 '유니패스'에 회원 가입한 후 입찰에 직접 참여하면 됩니다. 입찰 공고를 확인하고 구입하고 싶은 물건을 선정한 후 입찰금액을 입력하고 입찰서를 제출하면 됩니다.

그러면 왜 세관에서 유찰된 물품들을 심사를 통해 국고로 귀속되어 상이군경회으로 넘겨주는지 궁금할 수도 있을 것입니다. 세관과 상이군경회은 몰수품, 체화물품 등을 국가에서 지정한 판매 위탁자와 수탁자와의 관계로 간단하게 이해하면 될 것입니다.

지금까지의 내용을 짧게 정리하자면, 세관공매는 세금이나 불법적인 행위(면세한도, 기타)로 인하여 통관되지 못한 물품들이 관할 세관의 합법적인 공매절차로 처분되는 것을 의미합니다. 이로써 국가는 세액을 충당하고, 개인은 세관공매를 통해 이익을 창출하게 됩니다.

세관공매는 앞에서 TV쇼핑몰에 커피포트를 납품하기 위해 퇴직금에 대출금까지 어마어마한 빚을 지면서까지 시작하는 사업과는 달리, 투자자의 접근방식과 시세 차익의 차이, 판로개척에 따라 초기 투자자금에 큰 부담이 없이도 가능합니다.

주식이나 부동산 투자처럼 시장의 논리에 끌려가는 것이 아니라 본인이 주도해 나갈 수 있다는 장점을 가지고 있다는 것도 알게 될 겁니다. 그리고 손실이 날 수밖에 없는 상황에서도 투자자 본인의 투자방식에 따라 손실을 최소화할 수 있는 방식으로, 최근 재테크 및 투자의 블루오션으로 떠오르고 있는 투자방식입니다.

세관공매를 한 마디로 줄여서 말하자면, 경제와 사회, 문화를 아우르는 종합예술이라고 할 수 있습니다. 이는 세관공매에 나온 물건들이 시대의 한 트렌드를 반영하는 것으로, 특정한 분야에 국한된 것이 아닙니다. 이후 말씀드리겠지만 판매방식 또한 고정돼 있는 것이 아니라 창조적이고 능동적인 사고방식으로 활동분야를 넓혀갈 수 있다는 큰 장점이 있습니다.

지금까지는 세관공매의 뜻과 발생 원인에 대한 개략적인 내용을 살펴보았는데, 세관공매가 어떻게 발전해 왔는지 가벼운 역사 이야기를 통해 만나 보시고, 세관공매 판매사례를 통해 세관공매가 어떤 매력이 있는지 직접 확인해 보시기 바랍니다.

♛ 역사 속 세관 이야기

역사 속 세관이라, 의아해 하시는 분들도 있을 줄 압니다. 물론, 과거 세관이라는 관청은 없었지만, 이와 유사한 기능을 담당하는 관청은 있었습니다. 한 나라가 운영되기 위해서는 정치 못지않게 중요한 것이 조세 등을 포함한 세금으로 나라의 경제력이 뒷받침되어야 한 나라가 강성해질 수 있기 때문입니다.

세금에는 여러 가지 종류가 있습니다. 자국 내에서 해결하는 세금도 있지만 보통은 나라와 나라간 교역을 통해 해결하기도 하는데, 고대나 중세에는 이러한 교역으로 전쟁이 일어난 경우도 많았습니다.

그 대표적인 사례가 트로이 전쟁으로, 단순한 남녀간의 사랑이야기로 빚어진 전쟁이야기 아니라, 이 전쟁을 그리스 문명과 오리엔탈 문명의 충

돌로 보는 견해와 지중해와 흑해로 둘러싼 무역전쟁으로 보는 견해가 바로 그것입니다. 즉, 전쟁을 통해 자국의 경제문제를 풀고자 했던 것입니다.

또 한나라와 고조선의 전쟁을 예로 들 수 있습니다. 고대 동아시아의 한 축을 담당하고 있었던 고조선은 직접무역과 중계무역을 통해 부를 축적해 나라가 부강할 수 있었는데, 여기에 제동을 걸게 된 게 바로 한나라인 셈이죠. 전쟁이 단순한 문제로 발발하지 않지만, 어쨌든 이 전쟁으로 인해 강성하던 고조선은 내부분열로 자멸을 초래해 한나라에 투항하면서 동아시아의 교역권을 한나라가 차지하게 됩니다.

물론, 한나라와 고조선의 전쟁을 사학자들마다 달리 해석하지만, 한 국가의 멸망은 승리한 국가에게 엄청난 경제적 이득을 줄 수밖에 없고, 전쟁에 들어간 막대한 비용은 복속시킨 나라의 재원으로 상쇄시키기 때문에 고대의 전쟁이 단순히 영토 확장전쟁이 아니라, 경제적 논리가 개입되는 시각으로 보는 이들이 많습니다.

그렇다면 우리나라에서는 국제무역, 세관, 관세 등의 개념이 언제부터 나올까요? 고조선의 경우, 나라간 교역을 했다는 사실이 나오고, 삼국시대의 고구려, 백제, 신라 또한 중국과 일본과의 활발한 교역이나 조공 거래사실들이 역사서에 나옵니다. 하지만 세관과 관세의 개념이 역사서에 나오기 시작한 것은 바로 장보고의 청해진이 아닐까 싶습니다.

여러분도 다 아시다시피, 장보고는 통일신라시대 때 청해진을 설치하고 해상무역을 주도한 인물입니다. 단순히 해적만을 무찌른 것이 아니라 교역에도 관여를 했고, 당 사신들의 신라 입국에도 관여할 수밖에 없는 정황이었습니다.

이때 당연히 지금의 입출국 수속이 이루어지고, 교역물품에 대한 관여도 이루어질 수밖에 없어 장보고의 권력이 아주 막강해지게 됩니다. 결국 이를 경계하던 세력으로부터 암살을 당하게 되지만, 이 시대부터 관세나 세관의 개념이 자리 잡기 시작했다 해도 무방할 것입니다.

고려시대에는 개성을 중심으로 국제무역이 활발하게 벌어지게 되는데, 그 중심에 바로 벽란도가 있습니다. 벽란도를 통해 가깝게는 송나라와 교역을 하고, 멀게는 인도 등 서남아시아와의 교역을 통해 막대한 부를 축적하게 됩니다. 고려시대 때 대표적인 상권으로는 개성의 송상을 들 수 있는데, 이러한 경제적인 이득을 취한 상권을 통해 국가의 세금을 충당하는 구조로 가게 되는 거죠.

최근에 종영한 MBC 드라마 〈기황후〉를 보게 되면, 드라마의 시대배경이 원나라가 망하고 몽고지역으로 밀려난 북원시대를 다루고 있는데, 원나라 멸망 직전 왕유와 연비수가 원나라의 영향권이 미치지 않는 비단길을 통해 돌궐과 고려의 교역을 시도하고자 합니다. 실제 실크로드로 불리는 비단길을 통해 유럽과도 교역이 이루어졌으니까요.

고려시대 경제를 이야기할 때 빼놓을 수 없는 사람이 바로 문익점입니다. 목화씨를 몰래 들여와 우리나라에 보급시킨 문익점을 황당하게도 밀수의 시초라고 보는 사람도 있습니다. 밀수는 근본적으로 개인의 경제적인 이득을 위해 몰래 가지고 오는 것이지만, 문익점이 몰래 들여온 목화씨로 엄청난 갑부가 되었다는 이야기는 역사서 어디에도 나오지 않습니다.

조선시대로 들어오게 되면, 한 가지 재미있는 사실은 공무역과 밀무역의 개념이 정확해진다는 겁니다. 오래 전 종영한 MBC 사극 〈허준〉과 〈상도〉라는 두 드라마를 보면 알 수 있습니다. 드라마에서 허준은 물론 픽션이지만, 밀수를 하는 과정에서 다희를 만나게 됩니다. 〈상도〉에서는 전반부에서 그려진 밀거래 모습과 후반부 인삼이 공무역으로 전환되어 연경에서의 공무역 거래가 그려집니다.

물론, 조선시대 이전에도 밀거래가 있었겠지만, 어디까지나 추정할 뿐 언제였다고 단정 지어 말할 수는 없습니다. 조선에서는 책시와 왜관 등지에서 무역을 하고 밀무역 단속 및 세금을 징수하곤 했습니다. 그러다 조선 말 강화도 조약을 통해 무역과 관세 등의 중요성을 인식하지 못하고 일본에 빼앗기게 됩니다.

그러다 1878년 우리나라 최초의 세관인 부산 두모진 해관이 들어서게 되지만, 1905년 을사조약으로 인해 관세주권을 재상실하게 되고, 해방 이후 1947년에서야 다시 관세주권을 회복하게 됩니다.

초기에는 관세환급 특례와 밀수단속을 강화하면서 관세 징수역할을 하다가 2010년대에 들어서 관세수입 외에 자유무역협정 수출입기업을 지원하고, 세관전자통관시스템(UNI-PASS)을 해외에 수출하는 등 현재는 세계적으로도 세관행정의 기준이 되고 있습니다.

♛
세관공매의 시대적 흐름

세관공매는 크게 아날로그 시대와 디지털 시대로 구분할 수 있습니다. 세관공매는 어느 날 갑자기 툭 튀어나온 것이 아니라 그 이전부터 존재해 왔으나, 소수의 전문가와 수출, 수입 관련된 사람들을 위주로 형성돼 왔기 때문에 대중으로부터 크게 주목받지 못했습니다. 그러다 최근 들어 세관공매가 재테크의 블루오션으로 자리 잡으면서 킹옥션의 세관공매로 주목받기 시작했습니다.

과거 세관공매는 아날로그 방식으로 이루어졌습니다. 세관공매의 1세대인 이들은 일일이 현장에 가서 자료를 조사하고 필름 카메라로 사진을 찍는 등 직접 발품을 팔아야 했습니다. 필요한 거래처 명단도 예전의 두꺼운 전화번호부를 뒤져서 본인이 전화를 걸어 담당자와의 통화를 통해 공매에 대한 정보를 수집해야 했습니다.

공매를 진행할 때에도 외국의 바이어에게 서신을 보내는 것이 지금처럼 이메일로 간단히 보내는 것이 아니라, 기껏해야 팩스로 보내거나 편지를 통할 수밖에 없었습니다. 외국의 바이어 명단을 찾는 것도 요즘은 인터넷을 보고 간단히 찾을 수 있지만, 옛날에는 무역협회 같은 곳에 일정한 돈을 내고 회원 가입을 한 후 해외 바이어를 찾던 힘든 시절이었습니다.

이렇다 보니 영업을 하거나 공매를 진행하더라도 세관공매의 전체적인 시스템을 정확히 파악하고 있는 사람이 거의 없었습니다. 정보가 부족한 상황에서 아날로그 방식으로 현장을 발품 팔면 일하는 시간에서 본인만이 가지고 있는 정보와 본인만의 공매 리스트를 가지고 있어 세관공매에 대한 정보가 지금처럼 유통될 수 없는 구조였습니다.

그래서 아날로그 시대에 세관공매를 하셨던 분들이 활동하던 시기에는, 지금처럼 컴퓨터와 인터넷이 발달하지 못해 거의 모든 공매가 현장입찰로 이루어졌습니다. 때문에 인천세관이든지, 부산세관에 직접 가서 직접 투함하고, 정보를 얻기 위해 근처 공중전화에서 전화를 걸어 가격 정보를 물어보기도 했었습니다.

그러던 2004년에 전자입찰이 도입이 되고, 인터넷이 급속도로 발전하게 되면서 세관공매도 디지털 시대를 맞게 됩니다. 디지털 시대로의 변화는 기존의 1세대인 아날로그 시대 세관공매 영업방식의 퇴보를 가져오게 됩니다. 현대는 정보력의 싸움이자 스피드가 중요한 시대인데, 이렇게 변화된 환경에 과거의 공매방식은 거의 도움이 되지 못한다는 겁니다.

하지만 디지털 시대로의 전환이 세관공매에 큰 도움이 됐느냐, 꼭 그렇지만도 않습니다. 디지털의 편리함 때문에 세관공매에 대한 물품분석이라든지 판매라든지 아날로그적인 구력이 퇴화해 버린 겁니다. 그러다 보니 공매 물건을 보는 안목은 아날로그 시대 보다 떨어지게 되었습니다.

앞서 이야기했다시피 아날로그 시대 세관공매는 디지털 시대에 자신의 생각을 접목하지 못하고, 과거 판매방식에 젖어 도매물품이 생겨날 경우 시장을 뛰어다니고 있었습니다. 그러나 절대 인터넷을 이겨낼 수 없습니다. 아무리 시장을 뛰어다녀도 인터넷과 전화 한 통화를 통해서 얻어낸 정보를 앞설 수 없습니다. 밖으로 뛰어다닐 필요 없이 앉아서 정보를 분석하고, 전화로 정보를 확인하면 됩니다.

그러므로 세관공매 공매 정보가 올라와 있는 킹옥션 사이트를 꾸준히 보는 것은 세관공매에 수익을 만드는데 매우 중요합니다. 하지만 세관공매에 대한 정보들이 가득한 킹옥션 사이트라도 본인이 직접 세관공매에 대해 공부를 하지 않으면 일반인들처럼 아무리 봐도 정보를 활용할 수 없습니다. 아무런 전문적인 지식 없이 함부로 투자를 하는 것은 길바닥에 투자금을 버리는 것과 같다는 것을 의미하니까 반드시 주의하셔야 합니다.

♔
보세구역과 창고 종류

앞으로 여러분들은 보세구역과 창고에 대한 이야기를 참 많이 듣게 될 겁니다. 아마 지금까지 별로 들어본 적이 없어서 참 낯선 이야기가 될 수도 있고요. 실제로도 컨테이너가 쌓여있고, 물건 박스들이 하나둘도 아니고 수없이 많이 쌓여있는 풍경이 생소하게 느껴지시리라 봅니다.

하지만 물건들이 여기에 보관되면서부터 여러분들의 세관공매가 시작되고 여러분들이 앞으로 창출해 나갈 수익이 발생되는 곳이기도 합니다. 그래서 다소 법률용어가 나와도 예쁘게 봐주시고, 이해하기 힘든 단어나 문장이 있다면 그냥 이해하고 넘어가면서 자주 접하시기 바랍니다. 계속 접하다 보면 그렇게 어려운 용어도 아닙니다.

여기서 몇 가지만 간단하게 설명하고 넘어갈게요. 보세(保稅)라는 말은 세금을 보류한다는 것으로, 관세를 부과하는 것을 보류한다는 뜻입니다. 또한, 장치(裝置)는 보관을 뜻하는 용어로, 앞으로 '장치기간 경과 화물'이란 용어를 자주 듣게 되는데, 보관기간이 지난 화물이란 뜻입니다. 이는 세관공매 화물, 체화공매 화물과 같은 뜻이기도 합니다.

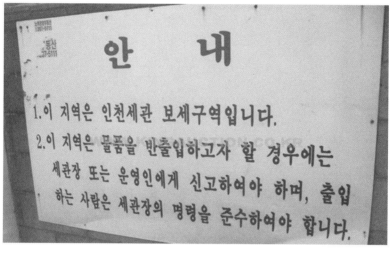

보세구역은 수입화물이나 외국물건 또는 일부 내국물건이 관세법에 의해 관세 부과가 유보되는 지역을 말합니다. 이 지역의 화물이 지나치게 커서 보세구역에서 보관하기 곤란한 때 세관장의 허가를 받아 다른 곳에 장치하는 경우를 제외하고는 보세구역에 장치해야 관세가 면제되고, 이 지역에서는 물품의 반출입 작업 등을 세관장이 통제합니다.

보세구역은 관세법 제65조에 의거하여 지정보세구역과 특허보세구역으로 구분되는데, 지정보세구역은 지정장치장, 세관검사장으로, 특허보세구역은 보세장치장, 보세창고, 보세공장, 보세전시장, 보세건설장, 보세판매장으로 세분되어 있습니다.

세관에서는 수출입화물에 대해 일률적으로 규제하는 전수관리를 실시하는 대신 '범칙 위험성이 상대적으로 큰 우범화물'이나 '모집단화물(전체 수입화물)에서 무작위로 추출한 샘플화물' 등을 특별히 선별하여 이들만을 별도로 내입한 컨테이너 물류 중 상기조건에 해당되는 우범 우려화물을 선별하여 세관 지정장치장으로 입고시켜 전수검사를 실시하고 있습니다.

이와 같이 지정장치장은 통관을 하고자 하는 물품을 일시 장치하기 위한 장소로서 세관장이 지정한 구역을 말합니다. 이는 잠시 보관하기 위한 장소란 점에서 장기간 보관하는 보세창고와 구분되며, 단순히 통관하고자 하는 물품을 보관하기 위한 구역인 보세장치장과도 그 목적이 다소 다릅니다. 지정보세구역의 지정장치장은 관세법 제73, 77조의 2에 의거, 통관 전에 물품을 일시 장치하기 위해 세관장이 지정한 장소로, 흔히, 세관구역 창고나 항만부두의 야적장, 비행장의 항공화물 창고 등이 있습니다.

특허보세구역은 당해 보세구역을 설치 운영하고자 하는 사람이 특허를 얻어 설치 운영하는데, 특허를 받은 자는 보세구역의 넓이에 따라 특허수수료를 납부해야 합니다. 특허보세구역 중 보세장치장은 세관장의 허가를 받아서 설치 운영하여 통관하기 위한 외국물품 또는 보세화물 (수입통관 미필화물)을 장치하기 위한 구역입니다.

이곳은 특정무역업자를 위해 보세화물의 반출, 반입, 보관할 수 있는 시설을 허가한 곳으로 지정 보세지역의 보완적 역할을 합니다. 통관 목적이 아닌 물품은 원칙적으로 장치되지 않은 곳으로써 그 장치기간은 물품이 들어온 날로부터 6개월 정도이며, 보세장치장 설치 운영의 특허 기간은 10년 내로 하되 변경할 수 있습니다.

보세창고는 수입절차를 마치지 않은 외국물품을 장치하기 위한 구역으로, 여기에 보관중인 물품은 아직 수입품이 아니기 때문에 관세와 소비세, 물품세 등이 부과되지 않습니다. 이는 물품을 과세하지 않은 상태로 장기간 장치, 보관함으로써 화주의 부담을 줄이는 동시에 거래를 원활하게 하고, 중계무역 등에 도움이 됩니다.

보세창고는 일종의 창고업이라는 특수성 때문에 10년 이내의 기간을 정하여 특허하게 되는데, 보세창고에 물품을 보관할 수 있는 기간은 외국물품은 반입한 날로부터 2년, 내국물품은 1년으로, 동일한 보세창고에 장치된 동안 수입신고가 수리된 내국물품은 6개월, 세관장이 필요하다고 인정한 경우 외국물품에 한해 예외적으로 1년 범위 내에서 연장이 가능합니다.

컨테이너 터미널이란 일반적으로 항구나 부두 앞에 위치하고, 컨테이너 및 컨테이너 화물의 인수, 보관시설을 갖추고 해상운송과 육상운송을 연결시켜 주는 구역을 말합니다. 이러한 컨테이너 터미널 내에 CY(Container Yard)와 CFS(Container Freight Station)가 있습니다. 모든 컨테이너 화물은 일단 컨테이너 터미널에 반입된 후 수송됩니다.

수출의 경우 내륙에서 육상 운송수단에 의해 컨테이너 터미널로 운송되어 FCL(Full Container Load; 전량 컨테이너)화물은 CY에, LCL(Less Container Load; 혼적 또는 소량의 컨테이너)화물은 CFS에 반입되어 본선에 적재됩니다. 수입은 본선에서 양륙하여 FCL화물은 CY에 반입되고, LCL화물은 CFS에 반입되어 육상 운송수단으로 내륙으로 운송됩니다.

여기에서 FCL은 한 컨테이너 20피트, 40피트로 컨테이너 단위의 물류를 하는 방식을 말하는 것이고, LCL는 한 컨테이너 분을 채우지 못해 다른 화물과 같이 보내는 방식으로, 일반 수입하는 대부분의 사람들이 LCL 운송을 하고 있습니다.

CY는 관세청 "특허보세구역 운영에 관한 고시"에 "보세창고"라고 명시하고 있습니다. 동 고시 제2조에는 "컨테이너전용보세창고"란 컨테이너를 보관하고, 컨테이너에 화물을 적입 또는 인출하여 통관절차를 이행할 수 있는 특허보세구역이라 정의하고 있으며, 동 제11조 3항에는 컨테이너전용보세창고라고 명시하며 설립 요건에 대하여 설명하고 있습니다. 다음은 법률 전문입니다.

특허보세구역 운영에 관한 고시

[제11조 3항] 컨테이너전용보세창고는 다음의 요건을 갖추어야 한다.

1. 부지면적은 15,000㎡ 이상이어야 한다.
2. 보세화물을 보관하고 컨테이너 적입화물을 적출하는 화물조작장(이하 "CFS"라 한다)을 설치하여야 하나, CFS 면적은 물동량에 따라 운영인이 자율적으로 결정할 수 있다.
3. 건물 및 주변의 시설요건에 관하여는 제10조를 준용한다.
4. 컨테이너보세창고에는 컨테이너 장치에 지장이 없는 최소한의 면적 범위에서 컨테이너로 반입된 거대·중량 또는 장척화물을 장치할 수 있는 야적장을 설치할 수 있다.
5. 컨테이너를 차량에 적재한 상태로 건물에 접속시켜 2대 이상 동시에 개장 검사할 수 있는 컨테이너검사장(컨테이너에서 물품을 적출할 수 있는 이동식

컨테이너 검사대를 구비한 경우를 포함한다)과 컨테이너차량이 2대 이상 동시에 검사대기할 수 있는 장소를 갖추어야 한다. 다만, 제2호에 따른 창고의 일부를 컨테이너검사장으로 대체하려는 경우에는 그 시설이 이 호의 기준을 충족하고 보세화물 보관장소와 구분되어야 한다.

CFS(컨테이너화물 집화소)는 선사나 대리점이 선적할 화물을 화주로부터 인수하거나 양화된 화물을 화주에게 인도하기 위하여 지정한 장소로, 수출의 경우 컨테이너 1개를 채우기에 부족한 소량화물은 여러 화주의 소량화물과 혼재하여 1개의 컨테이너에 적입하게 되는데, 이런 소량화물을 집화시키는 장소를 말합니다.

반대로, 수입의 경우 1개의 컨테이너에 여러 화주의 화물이 적입되어 있기 때문에 컨테이너 하역 후 화주별 분류하는 작업을 하는 장소를 말합니다. 즉, LCL화물을 운송하는 경우 선적지 및 도착지에서 화물의 혼적 또는 분류작업을 하는 장소를 말하며, 경우에 따라 1개의 화주의 컨테이너 화물이라도 화주의 작업장소 및 여건이 허락하지 않아 적입, 적출이 불가능할 경우 화주의 요청에 의거 진행되기도 합니다.

CFS는 컨테이너 화물조작장이라고 말하기도 하며, 주로 LCL화물에 대하여 선적시의 Vanning 및 양하시의 Devanning 작업이 이루어지는 곳입니다. 화물의 수·출입 통관업무도 이곳에서 이루어지며, CFS가 반드시 터미널 내에 있을 필요는 없지만, 작업의 편리함 때문에 대부분의 대형 컨테이너 전용 터미널들은 CFS를 그 터미널 내에 설치하고 있습니다.

LCL화물은 선박회사에서 단일 화주로부터 1개의 컨테이너를 가득 채울 수 없는 소량의 컨테이너 화물을 운송하는 경우에 선적지 및 도착지의 컨테이너 화물작업장(CFS)에서 화물을 혼재하거나 분류하여 인수해주거나 FCL을 만드는 보세구역 창고에서의 작업을 합니다. 원래 빈 컨테이너에 컨테이너 화물을 채우는 작업을 Vanning이라고 하며, 컨테이너에서 화물을 꺼내는 작업을 Devanning 또는 Stripping이라고 합니다.

보세전시장은 박람회, 전람회 등을 위해 외국물품을 장치하는 구역으로, 특허기간은 세관장이 정하고, 보세건설장은 산업시설의 건설에 필요한 외국물품을 보관, 사용하여 당해 건설공사를 하기 위한 구역으로, 특허기간은 세관장이 정합니다. 또한, 보세판매장은 외국물품을 외국으로 반출하거나 외국으로 출국하는 자 등에게 물품을 판매하는 구역으로, 10년 이내의 기간을 정하여 특허합니다.

제2장

돈 버는 세관공매

돈 버는 세관공매

관세법으로 보는 용어의 뜻

세관공매 UNI-PASS 시스템 설치방법

돈 버는 세관공매

지금까지 내용으로 세관공매에 대한 개략적인 내용은 여러분들이 모두 이미 파악했다고 생각합니다. 그렇다면, 세관공매를 준비하거나 참여하는 사람들이 무슨 특별한 자격조건이 있느냐 생각하시는 분들이 많으실 겁니다. 결론부터 말씀드리자면 그렇지는 않습니다.

이 책을 읽으시는 분들 중 지금 어떤 분은 회사원일 수도 있고, 어떤 분은 학생일 수도 있고, 평범한 주부나 이직자나 구직자일 수도 있습니다. 현재 여러분들의 직업 유무를 떠나 세관공매는 관심이 있는 분이 있다면 어느 누구나 전문적인 교육 후 실제 공매에 참여할 수 있습니다.

세관공매에 대한 교육은 이론적인 교육과 함께 실제 입찰 및 낙찰방법, 판로를 개척하는 방법 등 실제 공매의 사례들로 구성되며, 실제 입찰에 준하는 시뮬레이션 교육으로 이루어져 세관공매에 대한 관심을 가지고 투자를 계획하는 사람들이 실전에 바로 투입될 수 있도록 도와드립니다.

그렇다면, 세관공매를 준비하기 위해서는 어떻게 해야 할까요? 킹옥션 사이트를 통해 자세한 상담 후 한국세관공매학원에서 소정의 교육을 이수하시면 됩니다. 직장을 다니고 계신 분들도 가능하고, 현재 졸업생, 퇴직자, 구직자 등 직업이 없거나 준비하는 사람들도 다 가능합니다.

세관공매는 세관에 압류 및 몰수되는 물품이 끊이지 않고 공매에 나오기 때문에 본인이 직접 낙찰받을 수 있는 물건이 있고, 일주일 단위로 가격이 떨어지기 때문에 좋은 물품을 최저가격에 낙찰만 잘 받는다면 시세 차익을 노려 상당한 수익을 창출할 수도 있습니다.

지금 직장이 있으신 분은 직장생활을 하면서 틈틈이 세관공매를 배워가면서 투잡이나 재테크의 개념으로 세관공매를 하시면 되고, 직업이 없으신 분들은 세관공매를 하나의 사업 아이템으로 삼아 창업을 하거나 세관공매 전문가가 되는 개념으로 접근하시면 됩니다. 이런 분들은 직장인에 비해 시간이 자유롭기 때문에 세관공매를 꼼꼼히 공부하고 그리고 더 적극적으로 뛰어 든다면 조금 더 큰 수익률을 만들 수도 있습니다.

직장을 다니면서 세관공매를 하게 되면 여러분이 관심 있어 하는 제품이 공매에 나오게 되었을 때 퇴근 후 집에서 인터넷을 통하여 공매물품이 자신이 원하는 가격까지 떨어질 때까지 입찰일자를 기다리면 됩니다. 본인이 기다리던 날짜가 되면 입찰에 참여하여 본인이 생각하는 가격을 쓰고 10%의 금액을 입찰보증금으로 내는 등 현장에 직접 가지 않고서도 인터넷으로 입찰에 걸리는 모든 과정이 10분 정도 안에 끝날 정도로 간단합니다.

본인이 참여한 입찰이 낙찰됐는지는 공매 사이트를 통해서 확인 가능하고, 회원가입시 휴대폰 정보를 남겨놓았다면 문자메시지로도 통보 및 확인을 할 수 있습니다. 그런 다음 지정된 날짜까지 잔금을 입금하면 모든 과정이 끝나지만, 본인이 낙찰을 받고서도 잔금을 입금하지 못할 경우 일정 기간 공매에 참여하는 것이 제한될 수 있다는 걸 잊지 마십시오.

판로는 입찰에 참여하기 전부터 인터넷 검색 등을 통해 알아봐야 하는데, 수입물품의 경우 관련 회사를 알아보고, 시장조사를 철저히 하면서 수익성을 분석하는 것이 중요합니다.

창업이나 재테크를 준비하시는 분보다 직장인들은 상품에 대한 검색과 정보 분석, 다양한 판로 개척 준비가 상대적으로 부족할 수밖에 없습니다. 따라서, 투잡으로 세관공매를 진행하시려는 직장인들은 이러한 시간적인, 활동적인 제한으로 인해 판매마진이 다소 적긴 하지만, 판매마진이 적다는 건 판로가 그만큼 많을 수 있다는 반증이기 때문에 직장을 다니면서 세관공매를 병행한다는 것은 충분히 가능한 일이고 미래를 위한 자기 투자라고 볼 수 있습니다.

또한, 창업을 할 경우, 처음부터 너무 욕심을 내지 말고 세관공매에 대한 구력을 어느 정도 붙인 다음 한 달에 얼마 정도씩 수익을 창출할 수 있는, 내 손으로 움직일 수 있는 판매라인을 구축하여 물건을 판매하는 것이 보다 효과적인 방법일 것입니다.

자신이 투자를 하고 싶은 제품이, 가령, 고철이나 냉동고추, 고사리 등이라고 한다면 이 제품들의 시세변동 특성과 시기를 반드시 파악한 후 시세가 급락하는 시기에 제품을 구입해야 합니다. 냉동고추의 경우, 2월이나 3월에 제품을 낙찰받아 놨다가 시세가 오르는 5월에 판매하게 되면 시세 차익을 노릴 수 있습니다. 이 기간을 기다릴 수 없는 분이시라면 입찰을 다시 천천히 생각해봐야합니다.

금과 고철 또한 마찬가지입니다. 물건값은 올라갈 때가 있으면 내려갈 때가 있기 마련입니다. 금과 고철은 생김새는 전혀 다르지만, 두 제품 다 똑같다고 판단하시면 됩니다. 금은 금은방에, 고철은 고물상에 판매하면 되는 제품으로, 세관공매를 하시는 분들은 쇠가 들어가 있는 제품에는 어느 정도 관심을 가지고 계시는 게 좋습니다.

쇠 중에서도 알루미늄, 황동, 스테인리스, 구리 등은 기본적으로 kg당 얼마 정도인지 시세 파악 후 고물상에 판매하면 됩니다. 또한, 세관공매를 투자의 개념으로 접근하실 때에는 고철을 잡을 때 컨테이너 단위로 잡는 것이 좋습니다.

고철의 가격이 상승할 때가 있기 때문에 몇 개월간 고철의 시세를 파악해야 합니다. 고철의 가격이 상승하면 고철의 대한 수입이 늘어나기 때문입니다. 이렇듯 세관공매로 투자를 하실 때에는 전후 상황을 파악해서 물건을 낙찰받고 한 동안 기다리는 것이 좋습니다.

실제로 세관공매를 하실 때에는 고철이 아니라 장비라는 판매 개념을 잡고, 우선, 장비 판로를 개척해야 합니다. 제 가격에 사서 제 가격으로 판매하는 것도 좋지만, 제 가격보다 하락한 시기에 입찰해서 낙찰을 받는 것이 판매하는 데에도 유리하게 됩니다. 때문에 먼저, 물건을 분석한 후 낙찰을 받아 몇 개월 동안 여유 있게 기다리면서 판매해야 합니다.

가령, 겨울옷이 여름에 나오거나 여름옷이 겨울에 나오는 경우가 있는데, 이런 것들은 당연히 기본 낙찰가보다 더 떨어지기 마련입니다. 이런 물건들도 몇 개월 기다렸다가 시세 차익을 노려 상품 마진을 더 높일 수 있습니다. 어떤 분들에게는 이 기간이 길게 느껴질 수도 있지만, 세관공매는 부동산 투자보다 기간이 훨씬 짧기 때문에 기다리는 법과 상품을 고르는 법을 길러야 합니다.

세관공매를 통해 얻을 수 있는 것 중에 하나가 바로 인생의 자신감이 붙는다는 것입니다. 세관공매를 하게 되면 다양한 경험을 하기 때문에 인생에 두려울 것이 없어지게 됩니다. 아무리 판매하기 어려운 제품이 있더라도 지금 당장은 방법을 몰라 당황해할 수도 있지만 차츰 문제를 풀어나갈 수 있는 방법을 터득하면서 자신감도 붙고 인생에 새로운 용기와 희망도 생깁니다.

관세법으로 보는 용어의 뜻

지금까지 여러분들은 살면서 세관이나 관세라는 용어를 그다지 많이 접하지는 않았을 겁니다. 하지만 세관공매에 관심이 있거나 직접 하다 보면 앞으로는 이 용어들을 수도 없이 많이 접하게 될 테니 보다 용어의 뜻을 자세히, 그리고 정확하게 알아둘 필요가 있습니다.

관세법은 관세 부과의 근거가 되는 법률로, 1949년 제정되었으며, 수입 물품에 대한 관세뿐만 아니라 부가가치세, 개별 소비세 등의 과세 기준까지 규정하고 있습니다. 이러한 관세법은 2010년 12월 30일 일부개정을 통해 관세의 부과 징수 및 수출입물품의 통관을 적정하게 하고, 관세수입을 확보함으로써 국민경제의 발전에 이바지함을 목적으로 하고 있습니다.

관세 법률용어가 다소 어렵게 들릴 수도 있지만, 세관공매를 계속 공부하시려는 분이라면 보다 정확히 알아두실 필요가 있습니다. 그렇다고 토씨 하나까지 외우실 필요는 없고 개념만 정확히 이해하고 계시면 됩니다. '수입이란 외국물품을 우리나라에 반입(보세구역을 경유하는 것은 보세구역으로부터 반입하는 것을 말한다)하거나 우리나라에서 소비 또는 사용하는 것(우리나라의 운송수단 안에서의 소비 또는 사용)을 포함'하는 것을 의미합니다.

여기서 보세구역은 외국물건 또는 일정한 내국물건에 대해 관세법에 의거, 관세의 부과가 유보되는 상태로 보관할 수 있는 지역을 말합니다. 수입제품이 보세구역에 있는 동안은 관세 징수를 유예 받으며, 이 구역에서 수출될 때에는 관세를 부과하지 않고 국내에 옮겨져 내국의 제품이 되어야 과세의 대상이 됩니다.

'수출이란 내국물품을 외국으로 반출하는 것'을 의미하고, '반송이란 국내에 도착한 외국물품이 수입 통관절차를 거치지 아니하고 다시 외국으로 반출되는 것'을 의미합니다. '외국물품'은 '외국으로부터 우리나라에 도착한 물품으로 수입의 신고가 수리되기 전의 것'이나 '수출의 신고가 수리된 물품'을 말합니다. '내국물품'은 '우리나라에 있는 물품으로써 외국물품이 아닌 것'이나 '우리나라의 선박 등이 공해에서 채집하거나 포획한 수산물', '입항전수입신고가 수리된 물품', '수입신고수리 전 반출승인을 받아 반출된 물품', '수입신고 전 즉시반출신고를 하고 반출된 물품'을 말합니다.

'통관이란 이 법에 따른 절차를 이행하여 물품을 수출·수입 또는 반송하는 것'을 의미하고, '환적이란 동일한 세관의 관할구역에서 입국 또는 입항하는 운송수단에서 출국 또는 출항하는 운송수단으로 물건을 옮겨 싣는 것'을 말합니다. 또한, '관세를 납부하여야 하는 물품에 대하여는 다른 조세, 그 밖의 공과금 및 채권에 우선하여 그 관세를 징수'하고, '국세 징수의 예에 따라 관세를 징수하는 경우 체납처분의 대상이 해당 관세를 납부하여야 하는 물품이 아닌 재산의 경우에는 관세의 우선순위는 「국세기본법」에 따른 국세와 동일하게'하고 있습니다.

관세는 수입신고 당시의 법령에 의해 부과하는데, 관세의 세율은 관세율표에 의하고, 관세의 과세표준은 수입물품의 가격 또는 수량으로 합니다. 특별히 필요할 때에는 덤핑 방지관세, 상계관세, 보복관세, 긴급관세, 조정관세, 할당관세, 계절관세, 국제협력관세, 편익관세 등을 부과할 수 있습니다. 관세의 징수는 신고납부나 부과고지, 현장수납을 할 수 있고, 일정한 요건에 따라 감면·환급이나 분할납부가 인정될 수 있습니다. 관세는 부과할 수 있는 날로부터 2년이 지난 후에는 부과할 수 없습니다.

선박과 항공기와 차량을 운송수단으로 하고, 보세구역은 지정보세구역·특허보세구역 및 종합보세구역으로 구분하는데, 보세구역에 물품을 반입·반출하고자 할 때에는 세관장에게 신고해야 합니다. 보세창고, 보세공장, 보세전시장, 보세건설장, 보세판매장 등의 설치·운영에는 세관장의 특허가 있어야 합니다.

관세청장은 일정한 지역을 종합보세구역으로 지정할 수 있습니다. 보세 운송은 세관장에게 신고해야 하는데, 세관장은 보세운송물품의 감시·단속을 위하여 필요하다고 인정하는 경우에는 관세청장이 정하는 바에 따라 운송 통로를 제한할 수 있습니다. 물품의 수출·수입은 세관장에게 신고해야 하는데, 공안 또는 풍속을 해할 서적, 국가기밀, 화폐 등은 수출 또는 수입할 수 없습니다.

관세청장 또는 세관장은 필요한 경우에 통관물품 및 통관절차의 제한, 보세구역 반입명령, 통관의 보류 등의 조치를 취할 수 있으며, 세관공무원은 물품, 운송수단, 장치 장소, 장부 서류를 검사하거나 봉쇄 등 기타 필요한 조치를 할 수 있습니다. 밀수출입죄, 관세포탈죄 등의 범죄는 처벌되며, 밀수 전용 운반기구, 범죄사용 물품은 몰수하게 되는데, 세관공무원이 사법경찰관리의 직무를 담당하게 됩니다. 관세범에 관한 사건은 관세청장 또는 세관장의 고발이 없는 한 검사는 공소를 제기할 수 없습니다.

세관공매 UNI-PASS 시스템 설치방법

　세관공매를 시작하기 위해서는 먼저, 관세청 UNI-PASS 시스템를 설치해야 하는데, 인터넷 검색창에 '관세청 UNI-PASS' 또는 '관세청 전자통관시스템'을 검색해 해당 사이트를 열어야 합니다. 아래와 같이 세관공매 UNI-PASS 사이트가 나오게 됩니다.

　세관공매 사이트에 접속하기 위해서는 인증서를 발급받아야 하는데, 공인인증서는 인터넷 환경에 송신 및 수신하는 사람의 정보를 암호화 및 복호화하여 보안을 유지하기 위해 필요합니다. 공인인증서는 금융결제원, 한국전자인증, 한국무역정보통신, 한국정보인증, 한국증권전산 등 5개 기관에서 발급하는 인증서만 이용 가능하며, 보편적으로 많이 사용하는 은행 인터넷뱅킹용 공인인증서는 여행자구매품 등 개인물품 입찰에 가능하며 일반 수입화물은 전자입찰이 가능한 공인인증서(금융결제원, 4,400원)를 추천합니다.

　인증서 발급은 인증서 선택 → 발급 서류 준비 → 발급 서류 제출 → 발급 완료 등의 절차를 통해 이루어지며, 개인인증서는 UNI-PASS 일반사용자(개인)으로, 법인인증서는 UNI-PASS 업체 및 대표자(사업자)로 발급 가능합니다.

인증서를 발급 받았거나 재발급 받는 경우 UNI-PASS 시스템에 등록해야 하는데, 아래와 같이 UNI-PASS 시스템에 로그인한 후 좌측메뉴의 ① 사용자관리, ② 공인인증서 등록화면에서 ③ 검색을 누른 다음 인증서를 선택, 암호 입력, ④ 수정 클릭한 후 재로그인 해서 이용하면 됩니다.

UNI-PASS 시스템을 이용하여 수출입신고 등의 민원업무처리를 하려는 사업자는 업체 및 대표자로 사용자를 등록해야 합니다. 등록절차는 약관 동의 → 사업자번호 확인 → 신청서 작성 → 승인 요청 → 전산승인 등을 거치면 됩니다.

먼저, ① 로그인 하단 에 있는 사용자등록을 클릭한 후 ② 사용자등록 3가지 유형 중 [업체 및 대표자]를 선택하고, ③ 회원가입 약관, 개인정보수집이용, 개인정보제공에 동의하고, 인증방식을 선택하면 됩니다. 그런 다음 ④ 사업자등록번호를 확인하여 이전의 가입내역이 없는 경우 "등록가능한 번호입니다"라는 메시지가 발생되며, 이미 가입되어 있는 경우 '아이디찾기/비밀번호변경'을 이용하여 기가입된 아이디와 비밀번호를 확인하면 됩니다. 자세한 내용은 매뉴얼을 다운받아 참조하시기 바랍니다.

UNI-PASS 이용 신청시 공공기관 홈페이지 주민등록 대체수단으로 아이핀 인증서비스를 도입했는데, 아이핀 가입자가 UNI-PASS 이용시 일부 서비스가 제한될 수 있다는 것을 알고 계셔야 합니다. 인증방식 선택에서 공공아이핀(I-PIN)인증을 선택하여 확인버튼을 클릭하면 공공아이핀센터 로그인 화면이 팝업되는데, 공공아이핀 본인 확인이 성공하면 "본인 확인절차가 완료되었습니다" 메시지가 뜹니다. 아이핀 발급기관으로는 현재 공공아이핀센터와 3개의 민간 본인확인기관에서 발급할 수 있습니다.

 인터넷서비스 이용신청서를 작성해야 하는데, 신청세관은 주소지 관할의 세관을 선택하면 됩니다. 또한, 서비스 종류 중 증명서 발급과 요건 신청은 반드시 신청해야 하는데, 수입/수출 신고필증과 각종 허가서 출력서비스가 이용 가능하고, 통관단일창구의 요건 및 검사검역증 신청이 가능하기 때문입니다.

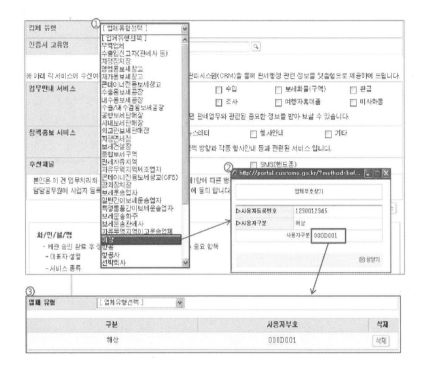

　　만약에 업체유형을 선택할 때 해당되는 부호가 없을 경우 관할세관에

영업 등록한 후 이용신청이 가능합니다. 단, 수출입신고자(관세사 등) 선

택시 세관시스템에 등록된 신고자 부호가 없을 경우 '신규부호신청'을 체

크하여 발급 요청을 할 수 있고, 조회되지 않을 때에는 아래와 같이 진

행하면 됩니다. 또한, 수출입신고자의 경우 수출입통관과 관세환급을 선

택한 경우 반드시 선택해야 하며, 신규부호를 신청해야 합니다.

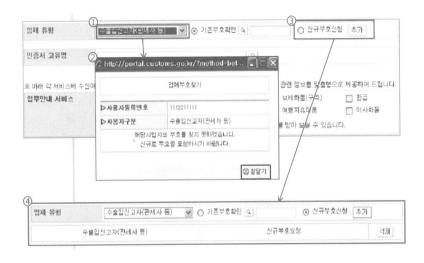

공인인증서 등록은 다음과 같은 절차에 따라 인증 암호를 등록해 완료하면 됩니다.

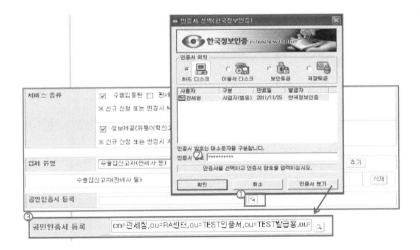

UNI-PASS 시스템 프로그램 설치할 때, 설치 프로그램이 진행되지 않을 경우가 있습니다. 이럴 때에는 호환성 보기 설정 버튼을 눌러서 웹 사이트를 직접 추가 등록해야 합니다.

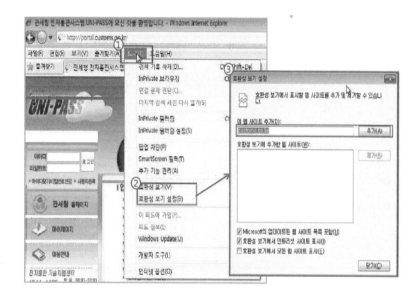

또한, UNI-PASS 시스템을 설치할 때 신뢰할 수 있는 사이트를 추가해야 하는데, 윈도우 XP 사용자의 경우 웹 브라우저 → 도구 → 인터넷 옵션 → 신뢰할 수 있는 사이트 → 사이트에서 '이 영역에 있는 모든 사이트에 대해 서버 확인(http:) 필요'항목을 체크 해제한 후 등록을 해주시면 됩니다.

VISTA나 윈도우 7 사용자의 경우 웹 브라우저 → 도구 → 인터넷 옵션 → 보안 → 신뢰할 수 있는 사이트 → 사이트에서 '이 영역에 있는 모든 사이트에 대해 서버 확인(http:) 필요'항목을 체크 해제한 후 등록을 해주시면 됩니다. 또는 웹 브라우저 → 도구 → 인터넷 옵션 → 보안 탭의 '보호모드 사용'항목을 체크 해제한 후 등록하시면 됩니다.

윈도우XP 사용자

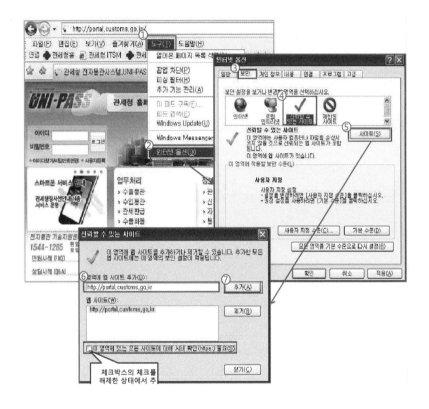

VISTA나 윈도우 7 사용자

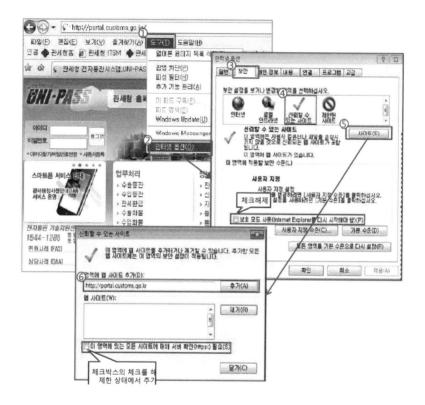

　그럼에도 불구하고, 정상적으로 설치되지 않는다면, 사용자 지정 수준
이 높게 설정된 경우로, 웹 브라우저 → 도구 → 인터넷옵션 → 개인정보
탭에서 '팝업 차단 사용'항목을 체크 해제해야 합니다.

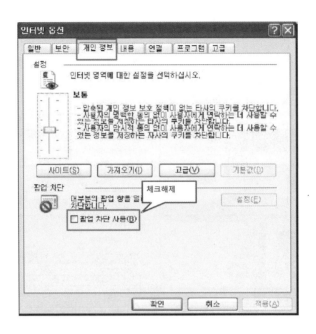

또한, 웹 브라우저 → 도구 → 인터넷옵션 → 보안 탭의 사용자 지정
수준에서 ActiveX 관련항목을 아래와 같이 설정해야 합니다.

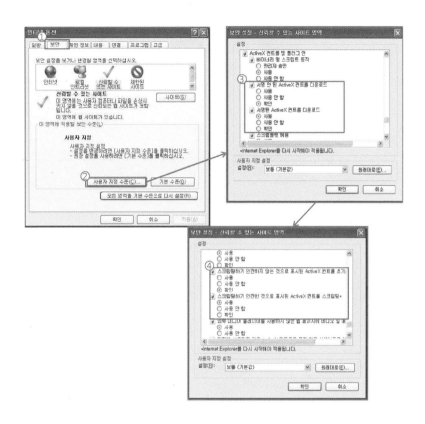

제3장

세관공매의 물품별 분류

세관공매의 물품별 분류

앞서 말씀드린 대로, 세관공매를 체화공매라고도 하는데, '체화'의 사전적인 의미는 물건이 팔리지 않아 쌓여 있거나 수송이 부진하여 밀려 있는 물건으로 체납과 같은 말입니다.

일반적으로는 물건이나 상품이 처리되지 못하고 정체되어 있는 재고를 뜻하는데, 공항이나 항만의 세관에서의 '체화'란 국가가 정한 일정량 이상을 초과하거나 금지한 품목, 세금을 납부하지 않은 물건을 압수하여 보관하는 것을 의미합니다.

세관공매 혹은 체화공매란 세관에서 압수된 여행자 물품이나 통관과정에서 압류된 수입화물들을 대상으로 장치기간이 경과한 화물에 대해 공매로 매각하는 것을 말합니다. 이 물품들의 특징을 살펴보면, 여행자 물품은 휴대가 간편하고, 고가품이 많으며, 물건의 종류가 다양하고 소량인 물건이 주로 많습니다.

항공화물은 컨테이너에 들어가 있는 물품으로, 부피가 크고 대량이며, 저가·고가의 물품 등이 다양하게 있습니다. 몰수품은 개인이나 사업자의 물건으로 고가의 다이아몬드, 백금, 귀금속 등이 있는데, 이렇게 체화된 물품들은 세관이 지정하는 보세구역 내 보세창고에서 장치하게 됩니다.

용어가 점점 더 어려워진다고요? 그렇지 않습니다. 뜻을 알고 보면, 아주 쉽습니다. '보세(保稅)'라는 말은 세금을 지킨다, 보류한다는 뜻으로, 즉, 관세의 부과를 보류하는 것을 의미합니다. 따라서, 보세구역은 세금을 지키기 위한 공간, 보세창고는 세금을 지키기 위해 물건을 넣어두는 창고를 말합니다.

앞서 세관에서 세금을 납부하지 않거나 금지 또는 몰수품을 압수해서 보관한다는 것을 체화(滯貨)라고 했죠. 이러한 체화물건들은 관세법에 의해 관세의 부과가 유보되게 되는데, 이후 당사자가 자신에게 부과된 세금을 납부하게 되면 관세가 부과됐으므로 이 물건은 통관 처리되게 됩니다. 하지만 당사자가 세금을 납부하지 않으면 6개월 이내 국가가 임의 처분할 수 있고, 이로 인해 발생한 이익을 국고로 환수 조치할 수 있습니다.

그리고 장치기간 경과화물이라는 용어를 앞으로 많이 들으실 겁니다. 장치기간(藏置期間)이라는 것은 지정 보세구역에 물품 반입일로부터 물품을 장치하는 기간으로, 여기에서 장치란 보관과 같은 뜻으로 보시면 됩니다. 따라서, 장치기간 경과화물이란 뜻은 보관기간이 지난 물건을 뜻하는 쉬운 말로, 그저 여러분에게 생소한 단어라서 어렵게 들릴 뿐입니다. 자주 쓰는 용어입니다. 그냥 보관기간이 오래된 물건으로 세관공매에 곧 나온다는 말이구나 생각하시면 됩니다.

여행자 물품은 유치된 날로부터 1개월 이내에 수입통관 또는 반송하지 않은 물품이 공매 대상이 되며, 2013년의 경우 1,300여 건이 공매를 통해 매각이 되었다고 합니다. 세관에서는 물품을 강제로 매각하여 비용과 세금을 공제하고, 잔액을 물품 주인에게 돌려줍니다. 공매에 나오는 물건은 명품가방부터 화장품, 선글라스, 시계, 골프가방 등이 주로 있습니다.

여행자 물품은 자가구매 용도물품으로 법적으로 판매가 금지되어 있으며, 개인이 3개까지만 구매가 가능합니다. 여행자 물품에는 공매조건이 화장품 같은 경우 화장법, 술 같은 경우 조세법 등 공매조건들이 있습니다. 하지만 여행자 물품은 판매가 목적이 아니라 개인이 사용할 용도로 구매하기 때문에 공매의 조건들이 그렇게 의미가 있거나 조건이 까다롭지는 않습니다.

항공화물 같은 경우, 외국에서 물건을 수입할 때 여러 가지 경로로 통해 들여오는데, 급히 수입해야 하는 물품과 고가의 의류, 부피와 무게가 적고 고가의 전자부품들을 주로 비행기로 많이 수송하는 편입니다. 또한, 요즘 해외여행으로 직접 들여오는 물품 이외에도 개인이 인터넷으로 직접 구매한 물품들이 항공화물을 통해 많이 들어옵니다.

이렇게 들어오는 물건들은 DHL이나 페덱스 같은 국제배송서비스를 통해 인천공항 세관에 들어옵니다. 인천공항 세관에는 수입절차를 마치지 않은 물품을 보관하는 창고로, 보세창고에서 보관중인 물건들은 통관이 끝나지 않아 수입품이 아니기 때문에 각종 세금이 부과되지 않습니다.

보세창고는 일반 보세창고와 세관 검사장으로 나눠져 있는데, 일반 보세창고는 다시 세관장이 지정한 지정창고와 특허 보세창고로 나눠집니다. 세관장 지정창고는 세관 검사장과 세관 지정장치장으로 다시 나눠지는데, 여기에는 검사품목들이 많이 들어가 있습니다. 여기에는 여행자 물품 같은 경우 크게 문제가 안 되는데, 부피가 큰 일반화물 같은 경우에는 비용이 꽤 많이 들어갑니다.

해외에서 항공화물로 들어오는 물건들을 보면 여행자 여행물품과 인터넷 구매물품, 외국에서 물건을 구매하여 들여오는 사업적 용도의 판매

물품 등으로 크게 구분하여 볼 수 있습니다. 체화물품에는 기본적으로 국가에서 보관해야 하는 기간이 있는데, 여행자 여행물품은 1개월, 지정 장치장은 2개월, 일반 보세창고는 6개월로, 그 기간을 넘겨서 보관할 수 없지만, 세관에서 기간 연장 등을 통해 보관하고 있는 실정입니다.

체화물품은 세관공매와 상이군경회 공매를 통해 매각되는데, 세관공 매에서는 가격이 50%까지밖에 떨어지지 않지만, 그 당시의 유행이나 패 턴을 확인할 수 있다는 장점이 있습니다. 이때 잠시 시세 차익을 통한 수 익을 창출할 수 있는 전자제품이나 고가의 의류 등의 체화물품들이 있 습니다.

항공화물이 인천공항을 통해 들어오는 반면, 선박화물은 부산항과 인 천항 두 곳을 통해 들어옵니다. 과거에는 부산항이 물량이 많았는데, 시 스템 정비를 통해 통관이 원활한 편이고, 인천항은 항만청 설립 이후 물 건이 늘어나는 추세로, 2014년 1월 기준 전년대비 경기불황 등의 이유로 물량이 부산항에 견줄 정도로 늘어났다고 합니다.

인천항에서 관할하는 물건들은 대부분 체화물품들이 많은데, 이러한 체화물품은 보세구역 내 세관장 관할 하에 있는 보세창고에 있는 물건 들로, 일반인들의 접근이 용이하지 못한 편입니다. 체화공매에 나온 물 품들이 전국의 창고에 분산돼 있고, 손쉽게 물건을 확인하기도 어렵기 때문에 창고까지 가는 데 걸리는 시간과 노력에 비해 큰 수고스러움을 겪어야 합니다.

공매에 참여하는 방법은 온라인 경매방식과 유사합니다. 첫 번째 단계는 관세청 통관포털사이트인 UNI-PASS 시스템에 무료로 회원가입을 하면 됩니다. 그 다음, 자신이 평소에 자신이 관심 있어 하는 품목에 공매에 나오는지 확인 후 입찰에 참여하면 됩니다. 또는 관심이 있는 품목을 보지 못했다면 입찰공고를 확인한 후 구입하고 싶은 물건을 선정할수도 있습니다.

입찰시 공매 목록을 들여다보면 'N, Y' 이렇게 표기가 되어 있는 것을 볼 수 있는데, 전자입찰 여부를 나타내는 표시로, 전자입찰이 가능한 Y(Yes) 물품의 경우 굳이 현장까지 갈 필요 없이 전자입찰을 통해 낙찰받아 택배 같은 서비스를 통해 집에서 물건을 받아볼 수 있습니다. 그리고 전자입찰이 불가능한 N(No)의 물품은 본인이 직접 가서 입찰을 보셔야 합니다.

이때, 물건을 꼼꼼히 살피는 것은 기본이고, 고가의 물품이라면 세관 보관창고에 가서 직접 눈으로 확인하는 것이 좋습니다. 물품에도 이상이 없을 때 입찰금액을 입력하고 입찰서를 제출하게 되면, 입찰자 중 최고가를 적어낸 사람에게 낙찰이 되며, 결과는 전자입찰에서 확인할 수 있습니다.

만약 두 사람이 같은 금액을 적었다면 추첨을 통해 낙찰자가 정해지는데, 이때 낙찰되지 않은 사람의 보증금은 환불계좌로 돌려받으며, 낙찰된 후 물품을 찾아가지 않으면 입찰보증금은 몰수됩니다.

공매 낙찰 노하우는 입찰 시기와 적정 가격을 잘 선택하는 것입니다. 공매는 6회에 걸쳐 10%씩 할인된 가격에 매각되는데, 보통 4~5회 때 낙찰되는 것이 일반적입니다. 단, 체화공매에서는 50% 이하로는 내려가지 않도록 되어 있습니다.

공매는 즉흥적으로 입찰에 참여하기보다는 평소 필요했던 물건을 구입하는 것이 좋습니다. 가방을 구입하고 싶다면 평소 면세점이나 인터넷 쇼핑몰의 가격정보 등 물품에 대한 사전 정보를 숙지하고 있는 것이 좋습니다.

제품과 공매의 과정

　세관공매에서 1억 짜리 물품이 6차까지의 입찰을 통해 가격이 50%까지 떨어진 뒤에도 유찰이 되면, 1개월 동안 국고귀속예정심의위원회를 통해 상이군경회 국고로 귀속됩니다. 체화에서 5,000만원으로 떨어진 물품은 상이군경회에서 5,000만원부터 다시 시작하게 됩니다. 몰수품은 체화공매의 과정을 거치지 않고 곧바로 국고 귀속물품이 됩니다.

　하지만 여기에 공매를 하는 분들이 착각하기 쉬운 함정이 하나 있습니다. 대부분의 사람들이 체화공매에서 5,000만원까지 떨어진 물건이니, 상이군경회 공매 0차 때 이 물건을 아무도 가져가지 않을 테니까, 그러면 1차나 2차 때, 즉, 가격이 좀 더 떨어진 다음에 낙찰을 받으려고 하는 경향이 있는데, 이는 잘못된 생각입니다.

상이군경회 공매는 세관공매와는 조금 다른 시스템이 있습니다. 전국에 분산되어 있는 세관공매와는 달리, 상이군경회 공매물건들은 전국에 딱 두 군데로 정해진 창고에 분산되어 보관하게 돼 있습니다. 일반적인 긴급공매라든지 부피가 워낙 크다든지 냉동식품이라든지 이런 경우 국고창고로 이송이 안 되기 때문에 그 자체로 공매를 진행하게 됩니다.

그렇지 않은 물건의 경우, 안산창고나 양산창고에 보관되어 공매로 진행되게 됩니다. 체화공매 때는 물건들이 컨테이너 터미널이나 지정 검사장, 보세창고 등 각 창고에 분산이 되어 있습니다. 그러면 공매 참가자가 물건을 먼저 확인하고 낙찰을 보려고 하지만, 공매 물건들이 CY(Container Yard)나 CFS(Container Freight Station)의 창고에 보관된 형태에 따라 다를 수밖에 없습니다.

만약 10층 높이의 컨테이너 같은 곳에 물건이 보관되어 있다면 미리 예약하고 찾아가지 않는 이상 물건에 대한 접근이 용이하지 못합니다. 따라서, 세관공매 물건들은 접근법이나 물건 보관형태가 다르기 때문에 공매 참가자가 자칫하면 물건을 확인하는 시기를 놓쳐버릴 수도 있습니다.

만약에 양산창고에서 여러분이 공매 낙찰을 받았다고 칠게요. 그러면 제품이 어떠한 것인지 모르지만 500개일 수도 있고, 100만개일 수도 있잖아요. 자, 이 물건을 서울까지 옮겨야 하는데, 보통 둘 다 자동차라는 교통수단으로 많이 옮기는 편입니다. 500개 정도의 물건은 한 차에 싣고 올 수 있지만, 물건이 100만개나 된다면 한 차에 싣고 올 수 없지 않습니까.

그렇다면 주로 화물을 많이 이용하는데, 컨테이너 하나에 이 물건 500개만 덜렁 싣고 올 수 없잖아요. 그래서 컨테이너에 이 물건, 저 물건 넣어서 가득 채우는 방법이 있을 겁니다. 이런 방법을 화물차를 전문적으로 운행하시는 분들 사이에서는 한꺼번에 묶어서 온다고 '합바차'라고 합니다. 또한, 100만개나 되는 물건 같은 경우, 물건의 양이나 부피가 많으니까 컨테이너 하나나 둘에 나눠 싣고 오겠죠.

보통 수입을 할 때에도 수입하는 사람에 따라 500개를 들여올 수도 있고, 100만개를 들여올 수도 있잖아요. 앞의 경우처럼, 한 컨테이너에 자신의 물건 500개를 채울 수도 있지만, 공간이 많이 남는다면 굳이 자신의 물건 이외의 다른 물건을 채워 운송비를 줄이려 하겠죠.

이런 걸 바로 LCL(Less Container Load; 혼적)이라고 하는데, 일반 수입을 하는 사람들은 대부분 LCL운송을 하는 편입니다. 반대로, 100만개의 물건을 하나의 컨테이너나 두 개의 컨테이너에 꽉 채워 화물을 보내는 방식을 FCL(Full Container Load; 단독)이라고 합니다.

이러한 물건들이 들어가 있는 창고들이 다를 수밖에 없습니다. 하나의 물건으로만 채워져 들어오는 FCL 물건들은 CY(Container Yard) 창고로 들어가고, 다양한 종류로 채워져 들어오는 LCL 물건들은 CFS(Container Freight Station) 창고로 별도로 들어가게 됩니다.

　그렇다면 창고가 이렇게 CY도 있고, CFS도 있고, 지정장치장도 있고, 보세장치장도 있는 형태로 나눠져 있습니다. CY 같은 경우 컨테이너가 10층 높이로 올려져 있는 곳도 있고, 일반 보세창고 같은 경우 편안히 가서 볼 수도 있는데, 미리 예약 후 안전장비를 착용 후 들어가 물건을 확인할 수 있습니다.

　자신이 보고 싶은 물건이 CY에 있다면 고층 높이에 있는 물건이라도 미리 예약을 신청하면 정해진 시간에 물건을 보고자 하는 사람이 보기 쉬운 곳에 컨테이너를 내려놓습니다. 하지만 미리 예약해야 하거나 창고까지 내려가는 시간을 투자하지 못한 참가자는 물건을 보지 못하고 그냥 지나쳐 버리는 경우가 생겨나기 쉽습니다.

　이런 경우 현물 확인을 하지 못해서 세관공매 6차 때까지 입찰을 하지 못한 사람들이 실제로 종종 있습니다. 그리고 체화공매 때 물건을 보는 사람보다 상이군경회 공매 때 물건을 보는 사람들이 훨씬 많습니다.

　이러한 이유로 체화공매에서는 이렇게 물건을 확인하는 번거로움이 있지만, 상이군경회의 물건은 한두 군데에 물건들이 몰려 있어 보고자 하는 사람들이 물건을 쉽게 확인할 수 있는 장점이 있습니다.

그래서 체화공매에서 가격이 50% 떨어져도 낙찰자 없이 유찰되어 국고로 넘어간 물건이 상이군경회 공매 0차 때도 낙찰이 안 된다? 그건 아닙니다. 공매 0차 때에도 낙찰되는 경우가 있으므로, 공매로 나온 물건의 가격과 제품의 특성, 얼마나 많은 사람들이 관심을 기울이고 있는가 하는 점들을 면밀히 살펴봐야 합니다.

한 사례로, 제트보드라는 물건을 저에게 세관공매를 수업 받는 한 학생이 낙찰받았는데, 체화공매에서는 260만원이라는 가격에도 이 물건이 나가지 않았지만, 상이군경회 공매 0차 때 310만원에 이 학생이 낙찰받았습니다. 이 학생은 310만원에 낙찰받은 제트보드를 750만원에 팔았습니다.

자동차 관련제품 같은 경우에도 100개 정도 나왔는데, 체화공매에는 아무도 낙찰하지 않았습니다. 그러던 물건이 상이군경회 공매 0차 때 바로 나간 케이스로, 체화공매에서 낙찰되지 않은 물건이더라도 상이군경회 공매 0차 때는 처음에 관심을 갖고 이 물건이 시중에 유통할 수 있는 물건인가를 판단하고 들어가야 합니다. 공매 0차 시기의 가격이 너무 높으면 포기를 해야 하고, 가격이 괜찮다 싶으면 0차라고 해도 집중해서 그 물건에 대한 조사를 해야 합니다.

이렇게 체화공매 마지막 가격과 상이군경회 공매 처음 가격이 같다고 해서 국고로 귀속된 후의 0차 공매의 가격이 의미 없다고 판단하시면 안 됩니다. 체화공매는 체화공매 나름대로의 묘한 빈틈이 있기 때문에 섣불리 판단하지 말아야 합니다.

체화공매나 상이군경회 공매의 정보는 똑같지만, 앞서 말한 대로 물건의 보관 자체를 공매 참가자가 쉽게 볼 수 있느냐 없느냐는 큰 차이입니다. 체화공매 때 컨테이너에 쌓여 있던 물건들이 상이군경회 공매로 넘어오게 되면 컨테이너는 없어지고 물건들을 창고 안에 적재해 놓기 때문에 많은 사람들이 쉽게 볼 수 있는 겁니다.

앞서 설명했듯이, 공매 참가자가 고층 높이의 컨테이너에 있는 물건을 확인하기 위해 물건을 창고바닥에 내려놓기 위해서 미리 일정을 예약하고 스케줄을 맞춰보려고 하다가 그 날짜를 놓쳐버리는 것과 방문하기 쉬운 날짜에 마음대로 가서 그냥 편안하게 보고 나오는 것과 차이가 많을 수밖에 없습니다.

그렇다면 공매 참여시 반드시 현장에 가서 물건을 확인해야 하느냐, 그것은 공매 참여자의 심적 부담 및 금액에 따라 판단하셔도 됩니다. 만약에 관심 있는 제품이 부담이 되지 않는 몇 만원 정도 가격이라고 치면 굳이 현장에까지 갈 필요 없이 사진만 보고 판단하셔도 되지만, 공매 참여자가 부담이 되는 가격이라면 시간을 내서라도 창고에 찾아가 현물의 감정가를 예측하고, 물건의 상태나 수량 등을 반드시 체크한 다음에 입찰에 응하셔야 합니다.

또한, 세관공매에 관심 있어 하는 사람들은 공매에 나온 모든 물건들에 대해 관심을 기울여야 합니다. 간혹 보면, 나는 옷에 관심이 있으니 의류 쪽만 볼 거야 하시는 분들도 있습니다. 물론, 본인의 관심이 그렇다면 말릴 수는 없겠지요. 하지만 세관공매에 관심이 있고 수익을 올리고 싶은 분이라면 세관공매 1번부터 100번까지 모두를 확인하셔야 합니다. 설사 자신이 모르는 분야가 있더라도 모두 공부를 해두셔야 합니다.

왜냐하면, 사람은 내가 해보고 경험하고 수익을 얻은 것만 알게 되는데, 자신이 아는 것보다 모르는 게 더 많은 법입니다. 자신이 잘 아는 분야이든 모르는 분야든 언제나 돌발변수가 생겨날 수 있고, 자신의 뜻대로 일이 풀리지 않을 수도 있습니다. 나는 이 방법으로 얼마에 팔아야지 생각했는데, 방법이나 가격 둘 중 하나가 맞지 않는다면 물건을 판매하는데 다소 변수가 생길 수 있습니다.

앞서 저는 창업이나 투자의 개념으로 세관공매를 하실 분들에게 세관공매로 낙찰받은 물건들을 팔 수 있는 판로를 개척해야 하고, 본인의 영업력이 뒷받침하지 않고서는 매번 상황에 자신이 끌려 갈 수 있기 때문에 세관공매에 대한 꾸준한 스스로의 노력이 있어야 한다고 강조했다는 것을 기억해 주시기 바랍니다. 결국 그 노력이 시간이 지나면 실력으로, 그리고 수익으로 보상받게 되는 것이지요.

모든 품목에 관심을 둬야
진검승부가 시작됩니다

여러분들이 공매에 나온 물건 중 관심이 있는 물건들을 보면서 앞으로 공매를 하다 보면 한 가지 알게 되는 사실이 있습니다. 공매에 나온 물건들을 다 관심을 갖고 보다 보면 다 보게 되고, 자연히 외우지 않을래야 안 외울 수가 없습니다. 계속 눈앞에 어른거리는데 보지 않을 수 없고 외워지지 않을 수 없는 거죠.

특히, 여러분들에게 당부드리고 싶은 말씀은 공매 목록은 폭넓게 접해야 합니다. 어떠한 목록이 있든지 간에 남들이 의류를 가져가든 가구를 가져가든 다 가져가라고 하십시오. 그러다 보면 남들이 가져간 것 이외의 물품만 남게 됩니다.

이때, 남겨진 물건들을 주시해야 합니다. 남들이 못 가져가는 것들은 경쟁이 없거나 분명히 물건에 허점이 있다는 겁니다. 이 물건들은 상상을 초월할 만큼 가격이 떨어집니다. 1억짜리 선박용제습기 문케보 8000 같은 경우 6천만원에 세관공매에 나온 물건이 공매에서 90만원에 낙찰받아 조선소쪽에 3천만원에 팔기도 합니다.

그런 물건들은 분명 있습니다. 남들이 다 가져가고 남은 물건들이 남았을 때 그때부터가 바로 진짜 싸움, 진검승부가 되는 겁니다. 가격이 내려갈 대로 내려간 제품들을 어떻게 낙찰받아 판매하느냐에 따라 달라집니다.

실제로 수입가격 3,000만원인 수입화장품 공케이스 20,000개를 51만원에 낙찰 받았을 경우, 화장품에 에센스 같은 것을 넣어서 마케팅이나 프로모션을 계획해 1만원씩만 팔아도 2만개를 팔면 2억이 됩니다. 그런 게 사람을 정말 활력이 넘치게 만듭니다. 50만원이라는 돈을 가지고 2억원이라는 큰돈을 만드는 것, 이런 게 바로 공매입니다. 공매는 지금까지 여러분이 경험했던 그 어떠한 것보다 차원이 틀린 세계임에 틀림없습니다.

세관공매를 계속 하다보면 물건의 마진이 얼마나 되겠다 자연스럽게 알게 됩니다. 의류 1만벌을 1,200원에 낙찰받아 1,500원에 팔면 300만원 마진받고 팔게 되는 것입니다. 쇼핑몰 등에 입점을 하거나 대형마트

할인행사시에 직접 판매를 할 수 있도록 미리 준비하게 되면, 판로는 이미 확보해 둔 것이나 다름없으니 자연히 겁나는 것이 없어지게 됩니다. 그도 아니면 아르바이트생 한 명 데려다 15,000원 특판행사를 하든지 판매할 수 있는 경우의 수는 엄청나게 많습니다.

♔
세관 공매물품 조회방법

세관공매 UNI-PASS 시스템에 로그인 한 후 업무처리 → 체화공매 전자입찰을 선택하게 되면 다음과 같은 화면을 볼 수 있습니다.

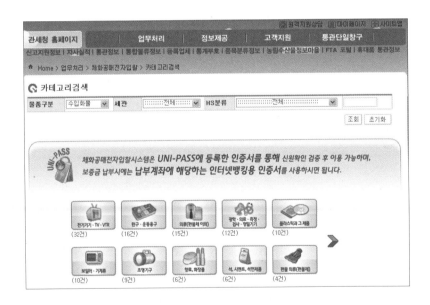

　여기에서 자신이 관심 있는 분야를 클릭하게 되면 다음과 같이 물품
목록이 나오게 됩니다. 이 중 4번째 물건을 확인하고자 한다면 해당되는
품목의 BALLPEN CAMERA를 클릭하십시오.

BALLPEN CAMERA를 누르자 BALLPEN CAMERA에 대한 보다 상세한 정보를 확인할 수 있습니다. 세관공매에서 가장 중요한 것이 반드시 공매조건을 확인해야 하는 것인데, 아랫부분에 '공매조건(상세)' 밑에 있는 '관련법규'를 클릭하면 이 물건에 대한 상세한 공매조건이 나오게 됩니다.

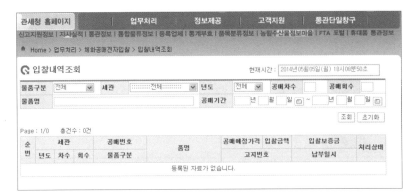

이런 방식으로 세관 공매에 올라온 품목들을 골고루 보시면서 물건을 보는 안목을 길러야 합니다. 누차 말씀드리겠지만, 관심 있는 품목만 보게 된다면 그 물건이 차례대로 낙찰이 되어 나가버리게 되면 본인이 관심 있게 지켜봐야 하는 물건이 없어지게 되고 맙니다. 그러니 항상 세관 공매를 할 때에는 물건을 폭넓게 봐야 한다는 사실 잊지 마시기 바랍니다.

♛ 공매목록상의 단위

　P/T는 파렛트(Pallet)를 뜻하는 용어로, 보세창고나 창고에서는 사람이 물건을 옮기지 않고 지게차로 운반하는데, 지게차로 운반할 때 맨 밑에 있는 틀이나 대를 파렛트라고 합니다. 파렛트 위에는 여러 박스들이 쌓여있는데, 한 파렛트 위에 10박스나 20박스 이상 쌓여있을 수 있습니다. 그러니까 품목인 의류의 수량이 50P/T이고 입찰가격이 300만원이라면 1벌 당 6만원이 아니라 한 파렛트 당 6만원인 것을 알 수 있습니다.

　이때 수량은 두 가지 방법으로 알 수 있는데, 한 가지 방법은 직접 현장에 가서 확인하는 방법으로 한 박스에 몇 개가 들어있는지 기입돼 있는 경우가 있고, 다른 한 가지 방법은 체화 최초공매 목록에 수량이 나와 있는 경우가 가끔 있습니다.

C/T는 카톤(Carton)이라고 하는데, 일반적으로 라면박스처럼 포장돼 있는 큰 박스 단위를 카톤이라고 합니다. 소비자용 소형 박스이기도 하지만 수출입에서는 골판지 또는 판지로 만들어진 포장용 상자라고 생각하시면 됩니다.

PCS는 pieces의 약자로 몇 개 내지는 수량을 뜻하는 용어이고, U는 유니트(unit)로 역시 몇 개를 뜻하는 단위로 기재나 시스템 중 한 부분을 뜻하는데, PCS는 작은 단위를 나타낼 때 자주 쓰이는 용어이고, U는 에어컨과 같이 큰 단위를 나타낼 때 쓰입니다. D/M은 액체 운반용 드럼으로 통상 200ℓ, 석유의 경우 약 53Gal(미국 갤런)로, 1bbl(배럴)이 42Gal이나 158.99ℓ로 사용돼 1D/M은 1.26bbl이 됩니다.

Box는 여러분도 잘 아실 테고, Rool은 원단을 셀 때 자주 쓰는 용어이고, Pair는 신발을 셀 때 쓰이는 수량 단위로 250Pair라 하면 250켤레를 말합니다. BG는 백(bag)이라고 읽는데, 보통 곡물을 담는 다발이나 꾸러미 묶음 포장단위를 말합니다. G/T는 선박에 들어가는 부품단위를 말합니다.

이 단위들은 물건들이 컨테이너 안에 있을 때나 밖에 있을 때에도 통용되며, 이 단위 이외에도 쓰이는 용어는 간단하게 다음 표에서 확인하시되, 무리하게 외우거나 하지 마시고, 필요할 때에 찾아보도록 하시기 바랍니다.

통계부호	단 위	해 설
BA	barrel	통
BC	bottlecrate	맥주 박스 모양의 상자
BE	Bundle	다발, 꾸러미등 묶음 포장단위
BG	bag	자루,부대
BJ	bucket	양동이
BL	Bale	광목, 원단등 감아놓은 상태
BR	bar	막대
BV	bottle, bulbous	전구모양의 병
CA	can	캔
CH	chest	나무상자 궤
CJ	coffin	관
CL	coil	코일,나선형으로 쫄쫄 감은 것
CR	Crate	Wooden Box, Wooden Case 대체 용기
CS	Case	그릇, 상자, 케이스
CT	carton	판지로 만든 상자
DR	drum	드럼통
GT	etc.	기타 개수를 헤아릴수 있는 물품
HH		휴대품
IZ	ingots	주철괴
NT	net	그물
OU		외포장이 없는 개,두,필,대,기,척,착 등
PG	plate	판
PI	pipe	파이프
PU	traypack	뚜껑없는 칸막이 상자
RL	reel	줄감는 틀
RO	roll	두루마리
SK	skeletoncase	골조 상자
VG	Bulk,gas(at 1031 mbar 15 oC)	기체상태 벌크
VL	Bulk,liquid(at normal temperature/pressure)	액체 상태의 벌크
VO	Bulk,solid,large particles("nodules")	덩어리 상태의 벌크
VQ	Bulk,gas(liquefied at abnormal temp./pres.)	액화가스상태의 벌크
VR	Bulk,solid,granular particles("grains")	곡물벌크
VT		기타 벌크물품
VY	Bulk,fine particles("powder")	분말벌크

제4장

체화공매란?

체화공매란?

　이제 체화공매는 장치기간 경과화물에 대해서 진행되는 공매로, 세관 공매와 같은 뜻이고, 몰수품, 국고귀속물품은 상이군경회 공매라는 걸 알고 계실 겁니다. 여기서 장치기간 경과화물은 법적인 용어이자 관세법에서 더 많이 쓰이는 용어로, 체화물품과 같은 뜻으로 이해하시면 됩니다. 이것도 이해하기 어렵다면 그냥 간단하게 보세창고에서 장치기간이 오래된 물건이라고 생각하면 됩니다.

　체화공매에서는 1차부터 6차까지 공매시 낙찰가가 나오지 않으면 매회 10%씩 낮아지게 됩니다. 가령, 체화공매 1차 때 입찰가가 1억원에 나왔다면 계속 낙찰자가 나오지 않으면 세관에서는 물건의 가격이 5천만원까지 떨어져서 상이군경회 공매로 넘어가게 되는 거죠.

체화공매에서 우리가 특별히 관심 있게 지켜봐야 할 것은 1차의 공매 가격이 결정될 때 1억원이라는 것은 원래 수입가격에 관세 8%와 부가세 10%, 그리고 외국에서 수입할 때 드는 운송료와 보세창고에서 보관하고 있던 기간 만큼의 창고보관료가 포함돼 있는 가격이라는 것을 알고 있어야 합니다.

즉, 외국에서 수입된 물건을 우리가 백화점이나 시장에서 살 때 국내 유통을 담당하는 사람들의 영업이익이 붙기 전 물건의 원가가 되는 셈입니다. 하지만, 이 원가는 통관에 필요한 금액이지, 우리가 쇼핑을 가서 물건을 살 때 가격은 아닙니다. 이 가격의 차이는 판매인 입장에서 본인들의 수익을 위해 인건비와 광고비, 유통비용, 영업마진 등의 비용을 추가해서 가격을 결정한 후 일반소비자에게 물건을 판매하겠죠.

또한, 세관공매를 배우는 사람들이 처음에 부딪히는 문제 중의 하나가 체화물건들의 가격이 비싸게 느껴지거나, 판매처에 물건을 판매할 때 '이게 천만원짜리 물건인데, 구매하시겠습니까?' 라고 하면 아마도 그 사장님은 '이런 물건은 내가 수입을 해도 천만원에 할 수 있다'고 말하며 물건을 사려 하지 않는다는 것입니다.

여기서, 여러분들은 용어의 차이에 주목하셔야 합니다. 그 사장님이 낙찰자가 판매하려고 하는 물건을 천만원에 수입할 수 있다 하는 것은 맞는 이야기입니다. 그런데 거기에는 천만원에 그 물건을 수입할 수 있을 뿐이지, 우리나라 내수시장에 판매할 수 있는 가격까지 천만원은 아니라는 말입니다.

수입한 화물들은 모두 공항 세관이나 항만 세관으로 들어옵니다. 그런데 관세나 부가세, 창고보관료 등 어느 한 가지라도 납부하지 않으면 세관을 통과할 수 없기 때문에 수입한 가격이 천만원일 수는 있어도, 수입해서 통관한 후 일반인들에게 판매하려고 할 때의 가격이 천만원은 아니라는 말입니다.

즉, 사려는 사람은 싸게 살려고 하고 팔려고 하는 사람은 비싸게 팔려고 하기 때문에 이와 같은 오해가 생겨나는 겁니다. 수입하는 입장에서는 굳이 물건을 팔려는 사람에게 관세와 부가세 등과 같이 추가비용이 자신에게 불리하게 작용하기 때문에 이야기를 하지 않는 것입니다.

체화공매 때 또 한 가지 눈여겨봐야 할 대목은 관세와 부가세 등의 비용이 빠지는 시기, 즉 3차 공매 때부터는 가격 체크가 들어가야 할 시기입니다. 실제 공매 사례를 보면, 이케아라고 하는 글로벌 가구전문 브랜드가 있는데, 이 물건이 공매에 나왔다가 3차 공매 때 낙찰이 되어 나간 적이 있습니다.

관부세 등의 비용이 빠지자마자 낙찰된 사례로, 이 제품 같은 경우 외국에서 많이 유통되는 브랜드로 그만큼 경쟁력이 있기 때문에 거품이 사라지자 바로 물건을 가져간 셈입니다. 잘 팔리는 물건은 가격의 편차가 크지 않기 때문에 작은 이익만을 취해 판매하는 것입니다.

여러분이 직장에 다니면서 세관공매에서 천만원을 투자해 100만원을 벌수도 있고, 200만원을 벌수도 있습니다. 물론, 이 돈은 직장에 다니면서 정상적으로 월급도 받으면서 세관공매를 통해 본인의 약간의 관심과 노력으로 벌 수 있는 금액을 말합니다.

그러나 본인이 외국에 나가 이케아를 수입을 하거나 우리나라의 물건을 수출하는 입장에서 보면 달라지게 됩니다. 거기에는 앞서 말했던 관세, 부가세, 운송비, 창고보관료 등을 포함한 비용이 발생하고, 물건의 원가도 생각하지 않을 수 없으니까요.

그런데 세관공매를 할 때 수입에 필요한 관세, 부가세 등 20%와 물류비용 10%를 합쳐 약 30~40% 비용과 함께 화주들의 영업활동을 하기 위해서 직원급여와 사무실 비용, 영업이익을 합쳐 최대 50%까지 생각해 볼 수 있겠죠. 즉, 천만원의 물건에 500만원은 이러한 비용이 발생한다는 것을 예측해 볼 수 있습니다.

그렇기 때문에 회사원들은 편하게 직장에 다니면서 그만큼 벌면 되고, 조금 더 벌고 싶은 분은 조금 더 뛰어다녀야 되고, 장기적으로 계획하시는 분들은 인터넷쇼핑몰이나 쇼핑몰 사이트를 구축해서 자신이 원하는 가격에 물건을 올려서 판매하셔도 무방하리라고 봅니다.

체화공매의 물건이 국고로 귀속되어 상이군경회 공매로 넘어가게 되면 3천만원짜리가 50만원대에 낙찰된다거나 몇 억 단위의 물건이 말도 안 되는 가격에 낙찰되기도 합니다. 상이군경회 공매물건은 물건마다 편차가 있지만, 어려운 물건일수록 이러한 편차는 더욱 심해지기 마련입니다. 어려운 물건은 판로 개척이 어렵기 때문에 공매를 하는 분들도 접근하기를 꺼리게 됩니다.

이처럼 상이군경회 공매에서 가격의 편차와 하락폭이 심하게 일어나는 반면, 체화공매에서는 상식적인 선에서 가격대가 이루어집니다. 체화공매에서는 정확하게 최초 예정가부터 시작해서 관부세가 빠져 나가면서 정상적인 가격선을 이루게 되는 겁니다.

그래서 이 물건의 실제 판매원가를 계산할 때 관부세, 운송료, 상표료, 회사 경비 등을 포함해서 시중에 얼마에 판매할 수 있는지를 판단해야 합니다. 참고로, 공매 예정가에는 운송료와 창고보관료가 포함되지 않습니다.

체화공매물품은 수익성 물품 판독이 용이한 편입니다. 판매할 수 있는 물건들이 거의 눈에 보이거든요. 그래서 체화공매에서는 천만원을 투자해서 얼마의 수익을 만드느냐는 마케팅과 판매방식에 따라 수익률이 차이가 있겠지요. 당연히 적은 수익률을 원하는 사람은 판로가 많을 것이고, 높은 수익률을 원하는 사람은 그만큼 판로가 적을 수밖에 없겠죠.

이런 경우를 생각하시는 분들도 계실 겁니다. 제가 앞서 수입에 필요한 비용이 제거된 체화공매 3차 때부터 가격을 주시하라고 했는데, 그 물건이 판매가치가 높아 공매 최초예정가격에서 10%가 떨어진 2차 때 낙찰받아도 되는 것 아니냐 하는 의문을 가질 수도 있습니다. 물론, 가능합니다. 수입을 주업으로 하고 있는 화주들은 그 10%만 해도 남는 장사일 수 있습니다.

하지만 화주들처럼 그쪽 계통에서 전문적으로 일을 하지 않는 공매 참가자들이 그렇게 했다가는 손해를 보기 쉽습니다. 가격이 높이 형성돼 있다는 것은 그만큼 판매가 용이하지 않다는 것을 뜻합니다. 재차 말씀 드리지만, 팔려고 하는 입장에서 비싸게 팔려고 하고, 사려고 하는 입장에서는 최대한 싸게 사려고 하는 심리가 작용하기 때문입니다.

실제로 수입상들이 제품을 수입할때 공동투자를 할 때가 있습니다. 어떤 제품을 수입하고자 하는데 자금이 부족해 몇 사람이 모여 각자의 지분을 가지고 물건을 수입하는 경우가 있습니다. 그런데 물건을 수입하는 과정에서 내분이 생겨 물건이 공중에 뜨는 경우가 실제 있는데, 그런 경우 실제 화주가 직접 공매에 들어와 1차 때 물건을 낙찰받기도 합니다.

또 하나 중요한 것은 일반인들이나 세관공매하는 사람들이 체화공매 1차나 2차 때 판로가 마땅하지 않기 때문에 낙찰받기 힘듭니다. 앞으로 여러분들이 세관공매를 할 때 가장 먼저 생각해야 될 것은 판매의 기본이 되는 가격입니다. 그게 아니면 아무도 여러분에게 관심을 가져주지 않습니다.

외국에서 어떤 제품을 수입해 오는 것과 세관공매를 통해 물건을 낙찰받는 것은 다릅니다. 수입은 누구나 다 할 수 있지만, 세관공매에서는 관부세 등의 가격 거품이 사라지고, 가격이 떨어지면 떨어질수록 판매처에 낮은 가격을 제시할 수 있어 그 사람들이 여러분의 물건에 관심을 가질 수밖에 없거든요.

이처럼 체화공매는 외국에서 수입되는 물품 중 회사가 부도났다거나 업체에 납품하는 과정에서 계약이 깨진 경우, 상당한 기간이 지났음에도 찾아가지 않는 물건들, 회사가 도산되어 국가에 귀속된 물품을 공매를 통해 낙찰받은 사람이 도매상이나 기업 등에 다시 판매되는 토대가 됩니다. 국가는 공매를 통해 세액을 충당하고, 판매자는 시세 차익을 남기고, 구매자는 싼 값에 물건을 구입한다는 장점이 있습니다.

👑 물품 공람방법

여러분이 흔히 보시는 일반목록이나 전자목록을 들여다보면, 창고번호가 있고, 전화번호가 있고, 전자목록에서 세관사이트를 들어가면 창고위치를 확인할 수 있습니다. 가령, 컨테이너터미널이라면 터미널 주소와 전화번호가 나와 있고, 물건 공매번호: XXXX 34, 품목: 조명기기, 전화번호 등이 나열돼 있습니다.

이 목록에서 여러분이 관심 있어 하는 품목에 대한 정보를 프린터로 출력을 하거나 수기로 메모지에 화물관리번호, 거의 안 쓰긴 하지만 어떤 창고에서 요구하기도 하는 B/L번호, 품목, 수량 등을 적어서 창고에 방문하면 됩니다.

차가 있는 경우 내비게이션에 주소를 찍어서 안내대로 가면 되지만, 차가 없는 경우, 전화로 창고 직원에게 가는 방법을 묻거나 근처까지 가서 물어서 가는 방법이 있습니다.

보세창고에 도착하면 차를 가져간 경우 창고 앞에 차를 댄 후 경비 등을 통해 사무실을 방문해서 용건을 이야기하면 됩니다. 그러면 직원의 안내대로 따라가서 그 직원이 말해주면 화물을 보면 됩니다.

참, 창고를 방문하실 때에는 반드시 목장갑을 준비해 가시기 바랍니다. 목장갑이 필요한 이유는 장치기간이 오래된 경우 제품 박스에 먼지가 많기 때문입니다.

하지만 그 많은 물건들을 공람하고, 지방에 있는 창고까지 일일이 찾아다닐 수는 없습니다. 그래도 본인이 부담을 가질 정도의 투자를 하실 때에는 되도록 창고를 방문해 직접 실물을 비교해 확인하고, 제품의 상태와 수량 등을 점검하시는 좋습니다.

그렇지 않을 경우, 멀리 지방까지 내려가지 마시고, 저희 킹옥션 사이트로 오셔서 확인하면 됩니다. 이제부터는 제품의 사진만 확인하는 게 아니라 어느 세관에 들어왔고, 어떻게 해서 가격이 이렇게 떨어졌고 하는 정보들이 차츰 눈에 보이게 되실 겁니다. 그래서 여러 품목을 분석하고, 사진을 보고, 인터넷 검색도 하면 내가 투자해서 어느 정도 수익은

낼 수 있겠다는 감이 생기실 겁니다.

앞에서도 이야기했듯이, 세관공매에서는 물건을 골고루 여러 가지 보는 습관을 들여놓는 것이 좋습니다. 물건을 볼 줄 알든 모르든 그 자체는 중요하지 않습니다. 물건을 계속 보다보면 그 나름대로 눈이 생겨나기 마련이거든요.

물건을 5개만 보던 사람은 다른 사람이 5개를 전부 가져가버리게 되면 더 이상 볼 게 없잖아요. 하지만 더 많은 물건을 보던 사람은 다른 사람이 물건을 많이 가져가더라도 볼 게 남아있을 수 있는 확률이 크다는 거죠.

이러한 경험이 반복되다 보면 물건에 대한 안목이 생겨나고 되고, 사람들이 가져간 물건들은 얼마 정도의 가격에 몇 번 유찰이 된 다음에 낙찰되는지, 그리고 왜 그런지에 대한 의문이 생겨나면서 본인 나름대로의 물건을 보는 패턴이 생겨난다는 거죠.

반대로, 다른 물건이 낙찰이 되어 나갔는데도 아직 남아있는 물건은 왜 남아있는 건지, 어떠한 문제가 있는지, 시장 경쟁력은 없는지, 판로는 전혀 없는지 생각하는 습관이 생겨난다는 겁니다.

인터넷으로 세관공매를 판독하는 방법을 어느 정도 숙달하게 되면 굳이 창고를 찾아 뛰어다니고 하지 않아도 풀어갈 수 있는 해법은 언제나 있으니까 집에서도 세관공매를 할 수 있습니다. 물론 현장 공매물품을 인터넷으로 볼 수 있는 킹옥션은 매우 중요한 지원자가 되겠지요.

♛
체화공매 전자입찰시스템

체화공매에서 공매물품은 수입화주 또는 여행자가 외국에서 반입한 물품을 수입통관 또는 반송을 하지 않아 강제로 매각하여 국가의 조세채권을 확보하고, 잔금은 수입화주에게 지급하는 것으로, 대부분 반입 후 장기 보관된 물품입니다.

우리나라는 수출입 물품에 대해서는 소정의 통관절차를 거쳐야 수출입이 되는데, 수출입 물품의 특수성과 관세행정상 지장이 없는 경우, 통관절차를 거치지 않고 수출입 신고가 수리된 것으로 보는데, 이를 '수출입 의제'라고 합니다. 우리가 공매를 통해 낙찰을 받은 물건은 따로 수입신고할 필요가 없는데, 이는 수입신고의 의제에 해당되기 때문입니다.

수입신고의 의제는 관세법에 의해 몰수나 매각이 된 제품이나 관세법

제269조(밀수출입죄), 제272조(밀수전용 운반기구 몰수), 제273조(범죄에 사용된 물품의 몰수), 제274조(밀수품의 취득죄 등)에 해당하여 통고처분으로 납부된 물품, 제282조(몰수, 추징) 제3항의 규정에 의하여 몰수에 갈음으로 추징된 물품 등을 말합니다.

공매 예정가격은 물품 지급가격에 관세 등을 부과하는 방법으로 산정하여 같은 물품이고 관세율이 동일해도 상품의 질과 관계없이 가격이 상이할 수 있습니다. 또한, 세관 공매물품을 낙찰받고자 하는 사람은 당해 물품의 수입통관과 관련하여 법령에 따른 준수사항의 유무 등 공매조건을 반드시 확인하고, 해당 요건을 구비한 후 입찰해야 합니다.

공매 낙찰자는 공매 낙찰 이전의 보관료, 컨테이너 사용료 등의 비용에 대해 지급할 의무가 없지만, 공매 낙찰 반출승인 이후에 발생하는 보관료, 공매조건 이행 및 공매 반출에 소요되는 비용은 낙찰받은 사람이 지불해야 합니다. 하지만 6차까지의 체화공매에서 낙찰되지 않은 물품은 국고에 귀속되거나 폐기 결정이 되며, 국고로 귀속된 물품은 관세청의 수탁기관인 상이군경회에서 판매하게 됩니다.

체화공매에서 유의해야 할 점은 전자입찰에서 실수가 자주 일어나기 쉽기 때문에 공매에 참가하는 입찰자들이 반드시 숙지하고 있어야 사항들이 있습니다. 먼저, 처음 입찰하는 경우, 입찰보증금만 납부하고 입찰서를 제출하지 않아서 유찰되는 경우와 공매 예정가격이나 차기 공매 예정가격을 잘못 계산하여 보증금이 부족한 경우가 있습니다. 그리고 낙찰자가 공매대금 잔액을 납부하지 않거나 특별한 사유 없이 공매조건을 이행하지 않을 경우 부정당업자로 지정되어 이후 물품의 공매 참가자격을 제한하기도 합니다.

이는 국가를 당사자로 하는 계약에 관한 법률 제7조로 2년 범위 내에서 입찰 참가자격을 제한하도록 제재하고 있습니다. 또한 국가를 당사자로 하는 계약에 관한 법률 시행규칙 제76조 제1항에 의거하여 사안에 따라 벌점 및 기간을 정하는 등 부정당업자의 입찰 참가자격 제한 세부기준을 세워놓고 있습니다. 그리고 계약을 체결 또는 이행하지 않은 사람에 대해서는 6개월간 입찰을 제한하고 있습니다.

갑자기 법률 용어가 나오고 너무 어렵다고 생각을 하시는 분들이 계실 거라는 거 알고 있습니다. 하지만, 간단한 법률 용어를 자주 접해봐야 나중에 혼자 세관공매를 하실 때에 자료를 찾거나 관련조항을 찾을 때에도 도움이 되리라 생각됩니다.

체화공매 전자입찰시스템은 여러분들이 이후 보다 쉽게 따라할 수 있도록 입찰에서 낙찰, 창고에서 물건을 출고하는 과정까지 설명할 기회가 따로 있으니, 여기서는 전자입찰에 대한 간단한 개념만 정리해 두시기 바랍니다.

상이군경회 공매물품 열람방법

상이군경회 유통사업단 공매를 하기 위해서는 유통사업단 홈페이지에 접속하셔야 합니다.

전자입찰은 맨 위 상단에 "전자입찰"을 클릭하시면 아래의 화면이 나
옵니다.

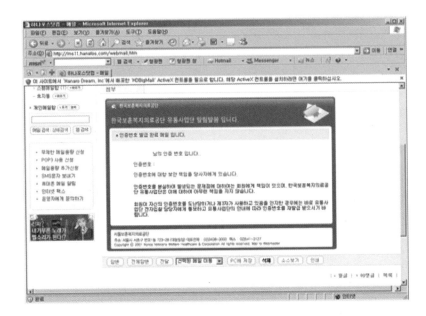

　전자입찰 등록은 "회원등록" 가입을 통해 참여하실 수 있고, 관련서류
는 방문 또는 우편으로 보내면 됩니다. 관련서류를 보내주게 되면 상이
군경회 입찰담당 관리자가 승인과 동시에 회원인증번호를 이메일로 다
음과 같이 보내주게 됩니다.

입/찰/공/고

공고번호	공고명	공고종류	진행상태	공고일자	
2014-54	냉동계살(19Kg) 순중량 16Kg...	긴급공고	입찰예정	입찰일정	물품보기
2014-53	YELLOW PEACH 3건	긴급공고	입찰예정	입찰일정	물품보기
2014-52	중유(MF380) 5,000리터, 대두 ...	긴급공고	입찰예정	입찰일정	물품보기
2014-51	LIGHT ITEMS등 28건	일반공고	입찰예정	입찰일정	물품보기
2014-50	벙커씨유 2건	긴급공고	입찰예정	입찰일정	물품보기
2014-49	벙커C(MGO) 5,000리터	긴급공고	입찰예정	입찰일정	물품보기
2014-48	YELLOW PEACH 3건	긴급공고	입찰종료	입찰일정	물품보기
2014-47	선박용 유류(MFO380) 10,000...	긴급공고	입찰종료	입찰일정	물품보기
2014-46	대두 16Kg	긴급공고	입찰종료	입찰일정	물품보기
2014-45	중유(MF380) 5,000리터	긴급공고	입찰종료	입찰일정	물품보기
2014-44	벙커씨유, 선박용 중유(MFO180)...	긴급공고	입찰종료	입찰일정	물품보기
2014-43	YELLOW PEACH 3건	긴급공고	입찰종료	입찰일정	물품보기
2014-42	선박용 유류(MFO380) 10,000...	긴급공고	입찰종료	입찰일정	물품보기
2014-41	선박용 벙커 C유 34,415리터...	긴급공고	입찰종료	입찰일정	물품보기
2014-40	백금 다이아몬드 반지 1개...	일반공고	입찰종료	입찰일정	물품보기

« 이전 1 2 3 4 5 6 7 8 9 10 11 12 13 14 15 다음 »

현재 상이군경회에서 진행되고 있는 공매 내용을 알고 싶다면 상단 메뉴 중 입찰공고를 클릭하게 됩니다. 상이군경회 공매는 긴급공매와 일반공매로 구분되어 진행되는데, 긴급공매는 하루 단위로 가격이 하락하기 때문에 관심이 있는 물건이 있다면 신경을 곤두세우고 지켜봐야 합니다.

특히, 공매 초보자들은 긴급공매보다는 일반공매를 추천해 드리고 싶습니다. 아무리 세관공매가 매력적인 투자 수단이라고 하더라도 한순간에 돈에 눈이 멀게 되면 아무 것도 보지 못하고 손실을 크게 입을 수도 있기 때문입니다. 그보다는 차분히 세관공매의 구력을 길러 가시기 바랍니다.

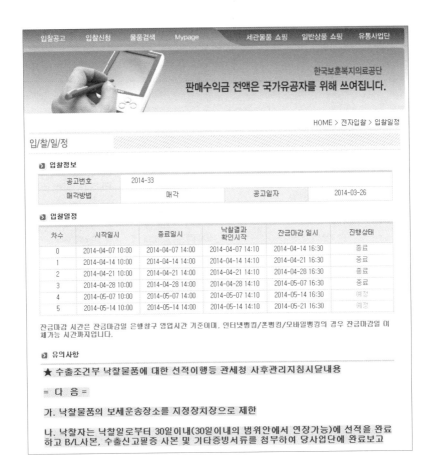

여러분들이 관심 있는 물건이 있다면 다음 입찰일정을 확인하고, 입찰 시 반드시 유의해야 하는 사항을 꼼꼼히 점검해야 합니다. 입찰일정과 입찰가격만 신경 쓰다 낙찰받은 후 물건에 붙어 있는 유의사항 때문에

곤혹스러워질 때가 있으니 반드시 확인하셔야 합니다.

이제 물품에 대한 보다 상세한 내용을 확인하셔야 합니다. 제품을 확인 분석하는 일을 비롯해 수량과 중량, 물품관리번호, 화물관리번호 등을 확인하셔야 합니다. 그런 다음 여러분이 원하는 가격까지 침착하게 기다리고 있다가 입찰 신청을 하시면 됩니다.

한 가지 주의하셔야 할 점은 개인자격으로 회원가입을 하셨다면 공매

물품 검색은 가능하지만 입찰신청은 불가능하다는 사실 잊지 마십시오. 입찰신청은 사업자로 가입된 업체나 대표에 한해 가능하니, 공매에 참여하고 싶은 분들은 세무서에서 사업자등록을 마친 후 참여하시면 됩니다.

제5장

몰수품 및 국고귀속물품 공매 1

♛
몰수품 및 국고귀속물품 1

 각 세관에서 진행되는 공매를 세관공매 또는 체화공매라고 합니다. 천만원 상당의 수입물품이 체화공매로 나오게 되면 최대 50%까지 가격이 떨어지게 되고, 그럼에도 불구하고 낙찰자가 없게 되면 이 물품은 세관의 수탁기관인 상이군경회으로 넘어가게 됩니다.

 전국의 각 세관에서 진행되는 체화공매는 관세청의 'UNI-PASS 시스템'을 통해 전자입찰로 진행되는데, UNI-PASS에서 회원가입 없이도 공매자료에 대한 열람이 가능하고, 간단한 회원등록과 공인인증서만 있으면 전자입찰에 참여할 수 있습니다. 여행자 휴대품 등은 개인 입찰 구매가 가능하고, 수입물품 구매는 사업자등록 후 'UNI-PASS 시스템'을 통해 전자입찰로 자신이 희망하는 물품을 낙찰받을 수 있습니다.

상이군경회 공매는 세관에서 진행된 공매가 끝날 때까지 낙찰되지 않은 물품들이 상이군경회으로 이전되어 상이군경회 유통사업단에서 재공매하게 됩니다. 여기에서는 물품이 낙찰될 때까지 공매가 진행되는데, 예를 들어, 천만원 상당의 물건이 낙찰자가 없으면 재공매에 재공매를 통해 물건이 팔릴 때까지 판매되기 때문에 만원 이하까지 떨어져서 낙찰되기도 합니다. 이러한 이유로 체화공매에 비해 상이군경회 공매가 가격의 폭락이 더 심하다는 것을 알 수 있습니다.

이와 같이 세관공매는 크게 체화공매와 상이군경회 공매로 나눠지고, 상이군경회 공매는 몰수품 및 국고귀속물품으로 나눠집니다. 체화공매는 체화공매 나름대로 매력이 있고, 몰수품 및 국고귀속물품 공매역시 나름대로 매력이 있는데, 이 둘 사이의 장단점을 정확히 파악하고, 이 둘의 차이를 알게 되면 투자하는 데에도 큰 도움이 된다고 생각합니다. 이때 몰수품은 밀수출 내지는 미수입품이므로 체화공매를 통하지 않고 곧바로 상이군경회 공매를 넘겨져 공매 처분한다는 거 잊지 마십시오.

세관에서는 1982년부터 상이군경회에 몰수품 및 국고귀속물품의 판매를 수탁하고 있는데, 2004년부터는 전자입찰을 통해 판매 및 운영하고 있습니다. 앞에서 체화공매에 대해 배웠듯이, 체화물품들은 공매 1차 시기부터 6차 시기까지 각 10%씩 가격이 하락하면서 6차까지 총

50%의 가격이 하락하게 됩니다. 이때에도 낙찰되지 않는 물건들은 국고로 귀속되게 되는데, 상이군경회에서 이렇게 귀속된 물품들을 공매를 통해 재판매하게 되는 겁니다.

한편, 몰수품은 세관에서 국가 몰래 밀수출 및 밀수입을 목적으로 들여오거나 나가는 물품들을 압수하게 되는데, 이를 관세법에 적용하여 위반 사실을 통보하게 됩니다. 이때, 천만원 이상의 물품은 검찰에서 압수하고, 천만원 이하는 세관에서 압수한다고 했던 말, 기억하고 계시죠. 이렇게 압수된 물건들은 통고처분 또는 확정판결을 통해 국가가 몰수해서 국고로 귀속되게 됩니다.

이렇게 몰수된 물품 중 천만원 이상 처분 대상물품은 몰수확정 후 수탁판매를 의뢰해 판매대금을 국고로 귀속시키고, 천만원 이하 처분 대상물품은 수탁기관인 상이군경회를 통해 판매 후 판매대금을 국고로 귀속시키게 됩니다. 또한, 압수된 물품 중 부패 또는 가치상실 우려 등이 있는 물품은 수탁기관을 통하여 환가처분 후 법원의 판결 결과에 따라 판매대금을 국고로 귀속시키고, 나머지는 화주에게 반환하게 됩니다.

이때 환가처분이라 함은 법인이 해산하는 경우 법인이 가지고 있는 잔여재산을 확정하는 과정에서 현금화되지 않은 토지, 건물, 기계 등의 자산을 현금화하는 것을 의미합니다. 이렇게 환가처분 된 판매금액은 법원의 판결 결과에 따라 판매 처분 후 금액을 순차적으로 배분하게 되는데, 이를 넓은 의미의 징수행위로 체납처분이라 합니다.

특히 몰수품 및 국고귀속물품 공매는 실제 공매에서 창조능력과 창의력을 많이 필요로 하는 공매입니다. 실사례로 세관공매로 화장품용기 20,000개 3,000만원짜리 물건을 51만원에 낙찰 받았다고 보면, 관부세를 포함해서 3,000만원짜리 물건입니다. 개당 25원짜리 이 제품을 화장품 거래처에 판매하게 되면 개당 80원에 판매할 수도 있고, 인터넷에서는 용기가격이 1,600~1,700원에 거래되고 있어, 화장품 원료를 넣어 판매하게 되면 최소 2,000원 이상 판매할 수도 있습니다.

이 제품은 원래 하나의 물건이 아니라 겉 용기와 속 용기, 속 용기를 겉 용기 안에 넣어 고정하는 잠금장치, 속 용기를 진공상태에서 액체를 나오게 하는 부분 등으로 4가지 부품들이 따로 따로 분리되어 있었습니다. 이 제품이 체화공매에서 최초 3,000만원에서 1,500만원까지 떨어져도 낙찰자가 나오지 않자, 상이군경회로 넘어와 최초 1,500만원부터 경매가 시작되어 750만원이 될 때까지 낙찰되지 않다가 결국 51만원에 낙찰되게 된 것입니다.

원래 그 사장님이 화장품 거래업체에 가서 화장품 용기를 보여주니 용기가 예쁘다며 샘플을 가지고 오라고 했답니다. 하지만 그 사장님은 그

업체에 바로 판매하지 않고 주변의 충고대로 화장품 용기공장에 가서 가격조사를 하기 시작했는데, 이 화장품 용기 안에 에센스나 썬크림 등을 넣고 포장까지 바꾸는 데 700~800원 정도밖에 들지 않는다고 합니다.

이렇게 해서 25원짜리 예쁜 용기였던 제품이 시중에서 유통해도 무방할 정도로 하나의 상품으로 탈바꿈하게 되는 겁니다. 그 사장님은 화장품 도매상에 가기 전에 이 샘플을 하나의 새로운 상품으로 제작해서 가져가 훨씬 더 높은 가격에 낙찰받은 물건을 판매했다고 합니다. 그냥 팔아도 80원 이상 받을 수 있는 물건이 주변의 충고를 교훈삼아 창의력을 덧붙인 결과, 자신이 원하는 가격 이상으로 판매한 겁니다.

이 제품은 체화공매가 아닌 국고귀속물품 공매를 통해 낙찰받은 케이스로, 이와 같은 사례가 아주 많습니다. 공매에서 자칫 사람들의 눈에 띄지 않아 낙찰되지 않은 채 묻혀 버리기도 하고, 단순하게 판매해서 파쇄기에 갈려져 플라스틱을 만드는 원료로 고물상에 판매되기도 합니다.

위 사례에서 보듯이, 단순히 화장품 거래업체에 80원에 넘기게 되면 110만원의 이익만 남기게 될 수도 있지만, 이처럼 원료를 넣고 겉 용기에 스티커 작업을 하게 되면 최소 2,000원 이상의 가격을 받고 판매할 수도 있습니다. 그리고 낙찰받은 물건을 고물로 처리하는 것은 반드시 최후의 방법으로 이용해야 세관공매의 판매기술을 다양하게 익힐 수 있지, 바로 판매하게 되면 최소한의 이익을 보거나 손실을 볼 수 있다는 사실, 잊지 마십시오.

이처럼 몰수품 및 국고귀속물품 공매는 물건을 낙찰받은 사람이 어떻게 판매하느냐에 따라 그 수익구조는 크게 달라질 수 있습니다. 이 수입 화장품의 판로를 찾지 못해 끝내 플라스틱 고물상에 넘기게 되면 51만원이라는 투자금의 본전 내지는 약간의 손해를 감수해야 되지만, 주변에 조언을 구하고 꾸준히 다른 판매방식을 생각해 내고 발품을 팔아 판로를 스스로 개척하게 되면 최소 4,000만원 이상의 수익을 낼 수 있게 됩니다.

51만원과 4,000만원은 엄청난 차이가 있죠. 몰수품 및 국고귀속물품 공매가 창조적이고 창의적인 사고가 필요로 한다는 게 바로 이걸 의미합니다. 아무런 생각도 없이 발만 동동 구르다가 팔게 되면 헐값에 판매하게 되지만, 약간의 판매방식을 바꿔 발품을 팔아 가격조사를 하게 되면 4,000만원이라는, 투자금의 80배의 금액을 벌게 됩니다.

몰수품과 국고귀속물품은 상이군경회에서 공매로 진행되는데, 이 둘은 뚜렷하게 구분됩니다. 몰수품은 세관에서 밀수출을 하거나 밀수입하려는 물건을 몰수하는데, 시중에 유통해도 무방한 제품인지 분류한 후에 수탁기관인 상이군경회에서 곧바로 공매로 처리되게 됩니다. 몰수품으로 자주 등장하는 품목으로는 다이아몬드, 모피 등인데 부피가 적고 가격이 높은 물건들이 가지고 들어오거나 나갈 때 편리하므로 주로 이용됩니다.

몰수품은 상이군경회의 공매 목록을 보게 되면 화물관리번호가 6자리 정도로 짧은 번호들이 있습니다. 보통 화물관리번호는 '○○○○○○○○○○○-○○○○-○○○' 등과 같이 11자리, 4자리, 3자리 이런 식으로 나열되게 되는데, 다른 숫자들은 크게 의미가 중요하지 않지만 앞의 두 자리는 중요하니 반드시 확인을 해야 합니다. 앞의 두 자리는 물품이 들어오게 된 년도를 나타내는 숫자로, 앞의 두 자리가 07로 시작되면 2007년에 들어온 오래된 물품을 뜻하고, 14로 시작되면 2014년으로 들어온 지 얼마 되지 않은 물품을 뜻합니다.

이렇게 몰수품은 11자리로 시작되는 화물관리번호가 아닌 6자리 내외로 지정되니, 화물번호가 6자 또는 안팎이면 이 물건이 몰수된 물건이었구나 생각하시면 됩니다. 또한, 국고귀속물품의 경우, 체화공매를 통해 가격이 50% 떨어진 상태에서 국고로 귀속되어 상이군경회에서 공매가 시작되지만, 몰수품의 가격은 공매 시작가격이 물건에 따라 상당히 편차가 크다는 것이 바로 큰 차이입니다.

가령, 다이아몬드의 경우, 몰수를 했어도 한국보석감정원에 감정을 의뢰해 정확한 감정가를 가격으로 책정할 수 있고, 모피 같은 경우에도 국내 시세에 따라 가격을 공시하게 됩니다. 그런데 상이군경회 공매 목록에 있는 그 이외의 일반적인 제품, 예를 들자면, 잠바, 신발 같은 물건은 가격을 책정할 수 있는 방법이 없잖아요.

그리고 그런 물건들을 자세히 보면, 화물관리번호가 짧은 것도 있고, 신발이 5만원, 10만원 하는 경우도 있습니다. 이러한 물건들은 수입면장이 없기 때문에 시장조사를 통해 가격이 책정됩니다. 몇 개의 업체 판매가격을 조사해서 평균가격으로 최초 예정가격이 정해지게 됩니다. 이때 정해지는 가격은 도매가가 아니라 소매가로 정해지기 때문에 공매가 처음 진행될 때 비싼 가격으로 올라올 수밖에 없고, 이런 제품은 가격이 떨어지기를 기다렸다가 낙찰받아야 한다는 사실은 반드시 기억하고 계셔야 합니다.

정리하자면, 몰수품으로 나온 물품 중 특정한 시세 기준이 없는 물품들은 시장조사를 통해 이루어진 가격으로 높을 수밖에 없고, 이런 물건들을 공매 초기에 입찰하게 되면 큰 낭패를 볼 수 있습니다. 도매가격보다 높은 물건을 쉽게 사려는 사람은 없기 때문에 본인이 직접 판매하지 않는 이상 이 물건을 처리하기가 쉽지 않습니다. 반드시 도매가보다 훨씬 더 가격이 떨어지기 기다렸다가 입찰을 하는 것이 좋습니다.

이는 세관이나 상이군경회에서 최초 예정가격을 올릴 때 도매가보다는 소매가로 올려야 많은 이익을 보기 때문에 가격을 책정할 때 높은 가격으로 올리게 되는 겁니다.

또 한 가지 주목해야 할 것은 체화공매에서 유찰되어 상이군경회 공매로 넘어오는 몰수품이나 국고귀속물품을 보면 여러 가지 품목들이 있는데, 여러 품목들을 보다 보면 자신이 관심을 가지고 있는 제품에 대한 입찰일자를 놓쳐버리는 경우가 발생한다는 사실입니다. 가령 2014년 4월에 일제가구 100세트가 넘어왔는데, 이 제품은 몰수품은 아니었지만 가격이 상당히 높게 책정이 돼 있었습니다. 처음에는 이 물건에 대한 조사를 하다가 가격이 떨어지기를 기다렸습니다. 그러다가 다른 공고가 뜨자 그 공고에 나온 제품들에 신경을 쓰다가 정작 자신이 찍어놓은 제품을 입찰해야 한다는 사실을 놓쳐버리는 경우도 종종 발생하기도 합니다.

그래서 처음부터 물건을 볼 때에는 관심 있는 물건만 보지 말고, 물건 전체를 골고루 보는 습관을 들여야 합니다. 그런 다음 자기가 봐두었던 물건이 어디까지 가 있는지를 확인하는 게 좋습니다. 자신이 원하는 가격까지 떨어지지 않고 중간에 누군가가 낙찰받아 갔다면 그냥 '내게 올 물건이 아니였구나'라고 생각하시기 바랍니다.

그리고 관심 있는 물건을 입찰하실 때에는 절대 서둘러서는 안 됩니다. 나이키 운동화가 시중에서 한 4~5만원 하니까 2~3만원 낙찰받아도 이익이 생긴다고 안이하게 생각하시면 큰 낭패를 볼 수도 있습니다. 전에 운동화를 직접 팔아보신 분이나 운동화 도매시세를 정확히 아시는 분이라면 그래도 어떻게든 판로를 개척할 수 있어 상관없겠지만, 그렇지 않은 분이 덜컥 시중가격만 생각하고 낙찰받게 되면 문제가 생길 수도 있다는 것 반드시 기억하시기 바랍니다.

여기서 중요한 것은 초보자일 때 100컬레 정도 되는 신발이 15,000원대에서 시작하는데, 신발이 시장에서 비싸다는 막연한 생각에 누가 먼저 낙찰받아 가지 않을까 서둘러 입찰을 하려고 하는 경우가 종종 있습니다. 하지만 제품을 분석해 보니 그 신발은 컨버스화로 비교적 싼 가격의 신발이었던 겁니다.

세관공매물건은 고가의 물건이건 저가의 물건이건 미리 본인이 철저하게 제품분석과 시장조사를 통해 심사숙고 끝에 이루어져야 하는 것이지, 막연한 생각에 물건을 낙찰받는 것은 좋은 방법이 아닙니다. 그럴 바에야 아무도 관심을 가지지 않는 물건 중 조금만 다른 시각으로 보면 흙 속의 진주와 같은 제품이 나올 수도 있습니다.

제 개인적인 생각이지만, 컨버스화 신발의 경우 저렴하게 떨어지기를 기다렸다가 입찰한 후 낙찰을 받는 것이 적정하지 않을까 생각합니다.

물론, 좋은 가격은 아니지만, 그 정도 가격이면 그래도 적당한 수익과 함께 다양한 판로를 생각해 볼 수도 있기 때문입니다. 그렇지 않고 본인이 생각하는 가격에 떨어지지 않은 상태에서 다른 사람이 낙찰을 받아 가져갔다면 그냥 '내 물건이 아니였구나' 하고 그 상황을 수긍하시기 바랍니다.

흔한 말로, '물건에는 주인이 따로 있다'는 말이 있잖아요. 아무리 자신이 가지고 싶어도 가질 수 없는 물건이 있는 반면, 생각지도 않았는데 내 물건이 되는 경우가 있습니다. 하지만 자신이 가지고 싶다고 무리해서 그 물건을 갖게 되면 그 물건 때문에 자신이 손해를 볼 수 있게 되고, 손해 본 것 때문에 화가 나 다시는 그 물건을 보고 싶어 하지 않을 수도 있습니다. 반대로, 생각하지도 않은 물건이 본인에게 큰 행운을 가져다 줄 수도 있습니다. 그러니까 세관공매를 배우고 싶은 분들이나 세관공매를 하고 싶은 분들은 이 사실을 꼭 기억해 주시기 바랍니다.

지금까지 살펴본 것처럼, 상이군경회에서는 진행하는 몰수품 및 국고귀속물품 공매는 뚜렷한 차이가 있으며, 화물관리번호를 봐도 정확히 구분이 되고, 물건의 특색만 봐도 정확히 구분이 됩니다. 몰수품 같은 경우 최초 공매가가 시작될 때 가격의 편차가 상당히 크고, 다이아몬드나 백금 같은 귀금속류 같은 경우, 정확한 시세에 의해 예정가격이 정해지게 되지만, 시세를 알 수 없는 일반제품들은 시장조사를 통해 소매가로 높게 책정된다는 것도 기억해 주십시오.

　고철과 같은 제품도 일정한 시세를 반영하는 지표가 있기 때문에 금과 같은 종류의 제품으로 분류해 두시는 것도 좋습니다. 금은 보석상에 가져다주면 현금화할 수 있고, 고철은 고물상에 가져다주면 그날의 고철 시세에 따라 금과 같이 현금화할 수 있기 때문입니다. 세관이나 상이군경회, 킹옥션 사이트를 보시면 고철에 관련된 제품들이 종종 있는데, 고철은 수요에 따라 꾸준히 수입도 합니다. 그만큼 시세에 따라 가격이 올라갈 수도 있습니다.

　고철제품은 세관공매에서 체화물품의 경우, 장치기간이 경과한 다음부터 들어온 물건이기 때문에 공매할 때 기간이 짧고, 순환이 빠르게 됩니다. 이 물건이 국고로 들어오게 되면 그때부터는 가격이 쭉 내려가게 되는데, 국고에는 고철과 관련된 제품들이 많이 있습니다. 바로 이때 물건을 보는 사람들의 창조적인, 창의적인 발상의 싸움이 시작되는데, 더 획기적인 방법을 생각해내느냐에 따라 싸움의 양상은 달라질 수 있습니다. 몰수품과 국고귀속물품은 공부하시면서 가장 중요하게 생각해야 하는 것이 이 쪽 분야의 물건들이 독특하다는 것을 기억하시면서 개념을 잘 잡아서 접근해야 한다는 겁니다.

수의계약

수의계약을 말하자면, 잠시 여러분들께 지금까지 설명 드렸던 내용에 혼선이 올 수도 있지만, 금방 이해가 되실 겁니다. 체화공매나 상이군경회 공매에서 5차와 6차 공매가격이 최초 예정가격의 40%와 50%까지 물건값이 떨어진다고 말씀드렸습니다.

그런데 체화공매 5차와 6차가 똑같이 50%까지 떨어질 수도 있습니다. 그리고 그 다음 주에 50%의 가격으로 수의계약을 별도로 진행할 수도 있습니다. 심지어 국고귀속심의위원회 심의를 거쳐 상이군경회에 넘어가도 50%의 가격은 변함없이 유지됩니다. 체화공매에서와 상이군경회 공매에서 최초 예정가격 1억원이 각각 50% 떨어지게 됩니다.

예를 들자면, 세관공매에 대해 잘 모르는 일반인이 공매에 나온 제품

중 화장품에 관심 있어 보니 1차 공매에 1억원으로 나왔다고 가정을 할 게요. 그런데 이 분이 화장품을 먼저 팔려고 업체를 알아보니까 그 업체에서는 1억원이면 산다고 해요. 동시에 세관공매를 배웠던 분도 이 제품에 관심이 있어 이 화장품을 판매할 수 있는 업체를 알아보니 공교롭게도 같은 업체였으며, 이 분에게도 똑같이 1억원이면 사겠다는 겁니다.

이 같이, 두 사람이 동시에 같은 제품을 똑같은 업체에 똑같은 가격으로 팔려고 하는 경우가 생길 수도 있는데, 1억원에 낙찰받아서 1억원에 팔면 속된 말로 남는 게 없지 않습니까. 이런 거래는 차라리 안 하는 게 낫죠. 그런데 이런 거래에서도 세관공매를 배우신 분들에게는 판매수익을 창출하면서 물건을 판매할 수 있는 방법이 있습니다.

공매 1차 시기 가격이 1억원이지만, 10% 낮춰서 9,000만원이나 9,100만원을 써서 넣을 수 있다는 거죠. 어차피 공매 1차 시기에서 1억원을 써 낙찰을 받는 사람이 없다면 이 물건은 1차 공매에서 유찰이 돼 2차 공매로 넘어가게 되고, 2차의 가격이 9,000만원으로 떨어지게 돼 있지 않습니까. 이럴 때 바로 수의계약으로 1차 때 9,000만원이나 그 이상의 가격에 입찰해서 낙찰을 받으시면 되는 겁니다.

용인에서 마트를 운영하시는 분께서 킹옥션에 가입한 후 얼마 되지 않아 긴급하게 전화를 주셨는데, 주변에 아는 사람 몇 명이 공동투자해서 중국산 숯을 3,500만원에 수입했는데, 문제가 생겨서 통관을 하지 못했다는 겁니다. 그래서 경매로 그 물건을 꼭 낙찰을 받아야겠는데 도와달라는 겁니다.

그 분께 5분 안에 "사장님께서 직접 낙찰받을 수 있도록 해드리겠다"고 말씀드렸습니다. 먼저, 공매번호를 알아보고, UNI-PASS 시스템에 등록하시고, 전자입찰 보증금 걸면 된다고 말씀드렸습니다.

조금 더 구체적인 이야기를 들으니, 3,500만원에 숯을 수입하게 되면 250만원 정도의 수익이 생긴다고, 3,500만원에 입찰하려고 한다는 말을 들었습니다. 아니, 그 돈 벌려고 그렇게까지 하느냐 물었더니, 그 사장님께서는 이쪽은 본래 그렇다고 하시더라구요.

그래서 그 사장님께 그 가격에 입찰하지 말고, 차라리 수의계약을 하라고 말씀드렸습니다. 공매 1차 시기에 3,500만원에서 10% 뺀 3,150만원에 입찰을 하는 방법이 있으니 그렇게 해야 수익이 더 발생할 수 있다고 말씀드린 거죠. 그랬더니 그 사장님께서 그런 방법이 있었느냐 반색하시며 좋아하시더라구요.

이와 같이 세상에는 자신이 모르는 세계가 아주 많습니다. 단지 알고 모름에 차이가 있을 뿐인데, 그것을 접해본 사람과 접하지 못한 사람의 얼굴과 마음은 너무 다를 수밖에 없고, 또한 그 느낌은 그 세계를 접해 보지 않은 사람이 함부로 말할 수 없을 것입니다.

세관공매에서 수의계약을 얘기할 때 2가지 케이스가 있습니다. 그 중 한 가지 방법은 만약에 공매에 올라온 물건의 가격이 1억이라고 가정할 때 수의계약은 9천만원부터 시작할 수 있습니다. 이 말을 달리 정리하자면, 현재 공매 회차가격의 10% 하락한 금액이자 차기 예정가격부터부터 수의계약을 시작할 수 있다고 보시면 됩니다.

이때, 9,100만원을 써내는 사람이 있을 수 있고, 9,200만원을 써내는 사람이 있을 수 있다는 사실을 인지하셔야 합니다. 본인이 수의계약으로 들어가게 되면 다른 사람도 수의계약으로 들어갈 수 있는 상황이 있을 수 있기 때문에 물건을 반드시 낙찰받아야 한다면 항상 물건을 판매할 수 있는 적정한 가격을 생각하고 입찰에 들어가셔야 합니다.

또한, 공매 2차 시기에는 1억에서 10% 낮아진 9천만원으로 공매 가격이 정해지고, 수의계약은 8천만원부터 시작할 수 있겠죠. 10% 낮은 가격으로 한다고 8,100만원부터 수의계약을 해야 하는 거 아니냐 질문을 하실 수도 있습니다. 하지만 2차 시기 공매금액의 10%를 기준으로 하는 게 아니라 원래 공매금액인 1억의 2차 시기의 수의계약 20%인 8천만원이고, 그 기준점을 다음 회차 공매가격으로 보시면 간단할 겁니다.

10여 년 전에는 수의계약 같은 경우 전자입찰 상에서 별도로 수의계약이라고 명시가 돼서 낙찰현황에 떴었습니다. 지금은 이러한 방식이 없어졌고, 전자입찰에서의 수의계약은 수의계약이라고 명시되지 않은 채 입찰이 진행돼 낙찰된 것으로 처리됩니다.

그래서 5차 공매의 공시가격이 6,000만원이고, 수의계약으로 들어갈 수 있는 기준이 10% 하락한 금액이자 6차 예정가격인 5,000만원과 같으므로, 5차와 6차, 그리고 수의계약 기간의 가격이 똑같다고 생각하시면 됩니다. 상이군경회 공매 역시 똑같습니다.

다이아몬드와 같은 보석류 등은 모든 회차의 가격체감이 별로 없기 때문에 1차부터 6차까지 가더라도 가격이 떨어지지 않습니다. 이 보석류는 전자입찰에 참가해서 낙찰을 받는다 해도 잘해야 10% 내외의 수익밖에 얻지 못한다고 생각하시면 됩니다.

그냥 단순히 상이군경회 공매에서 50%까지 떨어진다고 했으니까 보석도 50%까지는 아니더라도 2~30%의 수익을 올릴 수 있겠다 생각하시면 오산입니다. 보석은 재공매를 통해 가격이 떨어지는 것이지, 회차가 계속 진행된다고 가격이 떨어진다고 생각하시면 안 됩니다.

상이군경회의 공매도 똑같습니다. 최초의 예정가격이 1억이라면, 1차인 차기 예정가격이 9,000만원, 8,000만원, 7,000만원, 6,000만원, 5,000만원으로, 4차와 5차의 가격은 6,000만원과 5,000만원이지만, 4차 공매 시기에 수의계약으로 들어가게 되면 10% 하락한 금액이자 5차 공매가격과 같아지므로 4차와 5차의 금액이 5,000만원으로 똑같게 됩니다.

수의계약은 특정한 물건에 대해서 이루어지는 것이 아니라 모든 공매 물건에 대해서 가능합니다. 단, 공매조건이 붙어있는 물건에 대해서는 미리 그 조건을 꼼꼼히 따져봐야 하고, 쉽게 풀 수 있는 조건인지 살펴봐야 합니다.

예전에는 공매가 지금처럼 전자입찰이 아니라 현장입찰이었습니다. 그래서 담당자가 자리를 잡고 앉아서 공매 참가자들이 투함하는 걸 지켜보고 있다가 공매시간이 마감되면 개함을 해서 개찰을 했었습니다. 여기서 만약에 1억 짜리 물건인데, 어떤 분이 9,100만원을 써넣었다고 가정해 봅시다.

비록 현장입찰에서는 이 사람이 가장 금액을 많이 써넣은 사람일지라도 낙찰된 건 아닙니다. 개찰을 모두 끝낸 다음 이 물건에 대해 9,100만원 이상 써넣은 사람이 없다면 "이제부터 수의계약 합니다"하고 별도로 용지에 수의계약을 써서 진행했던 때도 있었습니다.

이건 현장입찰 때 있었던 일로, 지금이야 현장입찰이 조금밖에 진행되지 않고 대부분 전자입찰로 진행하기 때문에, 자동으로 차기 예정가 이상으로 금액을 써서 내면 낙찰이 되는 걸로 계약이 되는 시스템입니다. 물론, 현재 진행되고 있는 입찰가를 써넣은 사람이 있다면 이 분이 낙찰을 받게 되겠죠. 그러니 전자입찰을 하실 때 낙찰을 받고자 하는 최종금액을 신중하게 써서 제출하셔야 합니다.

보다 쉽게 풀어 말하자면 1억에 공매가 시작됐는데, 공매 첫 회차에는 주로 많은 사람들이 가격이 더 떨어지기를 기다리기 때문에 특정한 목적을 가지고 접근하는 사람이나 수의계약을 하려고 하는 이가 없다면 이 공매는 유찰되기 쉽습니다.

그런데 본인이 수익금이 적어도 꼭 받아야 하는 물건이다 싶으면 첫 회차 때 수의계약으로 입찰을 해서 낙찰을 받아야겠죠. 물론, 자신 이외에 수의계약으로 들어오는 사람이 있을 수 있기 때문에 입찰가격을 써넣으실 때 반드시 염두에 두어야 할 것입니다.

보통 우리가 거래를 할 때 흔히 보증금을 내는 경우가 있는데, 내가 천만원 짜리 물건을 거래할 때 10%인 백만원을 보증금으로 내지 않습니까. 이와 마찬가지로 전자입찰에서도 입찰을 할 때 보증금을 얼마를 써넣느냐에 따라 그것이 현재 공매가격이든 수의계약금액이든 낙찰이 되거나 되지 않거나 처리되게 됩니다. 공매 1차의 현재 판매금액인 10만원을 써넣은 사람이 없다면 9만원이나 9만원 이상 금액을 써넣는 사람이 물건을 낙찰되게 되는데, 사실은 수의계약으로 낙찰된 셈이죠.

수의계약은 일반적으로 전자입찰에서 현재 진행되는 공매가격이 아닌 차기 예정가격이나 그 이상의 금액을 쓸 수 있는 계약방식을 말하는데, 예전에는 원래 현장입찰에서 입찰금액을 써서 넣었고, 별도로 수의계약 용지에 써서 제출하기도 했습니다.

하지만 지방에 계신 분들이 공매 입찰이 있을 때마다 수의계약 하려고 올라오실 수는 없잖아요. 그래서 그런 불편함을 없애려고 전자입찰제도가 도입된 것이고, 수의계약 또한 전자입찰제도에서 별도의 과정 없이 자동적으로 해결되는 것입니다.

또 한 가지 수의계약방식이 있는데, 이 방법은 상이군경회 공매에서는 없고, 체화공매에서만 있는 방식입니다. 체화공매에서 1차부터 6차까지 공매를 진행했는데 낙찰자가 아무도 없었을 때 세관마다 조금씩 다르긴 하지만 보통 일주일 안에 공매 최종가격인 하한가로 물건을 구입하고자 하는 사람이 직접 물건을 사오는 방식이 있습니다.

단, 이 경우 인터넷이나 전자입찰을 통해 이루어지는 것이 아니라 구매를 원하는 선착순으로 이루어지기 때문에 본인이 꼭 가지고 싶어 하는 물건이라면 해당 세관에 연락해 확인한 후 되도록 빨리 가셔야 합니다.

세관공매를 오래해 보신 분들은 공매가 진행될 때 어지간한 물건에는 직접 서둘러서 낙찰을 받지 않고 기다리고 있다가 사람들이 관심을 두지 않아 낙찰되지 않은 채 남아있는 물건에 주목합니다. 그러다 6차와 수의계약 기간 중에도 계약이 되지 않은 물건들 중 자신이 판단할 때 구매할 가치가 있다고 판단되는 물건이 있을 때에는 직접 세관을 방문하여 물건 사듯이 사가는 경우도 종종 있습니다.

지금까지 두 가지 방식의 수의계약에 대한 설명을 드렸는데, 중요한 부분을 살펴보자면 수의계약은 체화공매에서나 상이군경회 공매에서 현재 공매가격이 아닌 차기 내정가격이나 그보다 조금 더 높은 가격을 써서 물건을 낙찰을 받을 수 있는 방식입니다.

이러한 특성 때문에 다섯 번째와 여섯 번째 공매인 체화공매 5차와 6차 가격과, 상이군경회 공매 4차와 5차의 가격이 동일하게 판단하셔야 합니다.

또한, 체화공매에서만 있고, 상이군경회 공매에서는 없는 수의계약방식으로 체화공매 6회 종료 후 일주일간 본인이 직접 가서 물건을 사올 수도 있지만, 선착순이기 때문에 자신이 꼭 받아야 하는 물건이라면 반드시 빨리 가서 계약해야 한다는 사실 잊지 않으시기를 바랍니다.

킹옥션은 일반 대중보다는 세관공매를 배우는 분과 전문가들을 위한 사이트입니다. 세관과 상이군경회에서는 공매 판매예정가격을 360만원으로 명기가 돼 있다면, 이것이 만일 2회차 가격이면 킹옥션에서는 전자계산을 해서 입찰진행 중이라는 표기와 함께 최초 입찰가 400만원, 500만원, 이런 식으로 표기하고, 공매 진행상황을 공매기간별로 정리가 돼 있어 이용자가 보기에 편리하게 돼 있습니다.

그러면 실제로 공시된 가격이 아니라 320만원 정도에 입찰을 할 수 있다는 것을 알게 될 겁니다. 3회 날짜가 오늘이면 10% 빠질 경우 ×0.9, 20%는 ×0.8, 30%는 ×0.7, 반은 ×0.5 이런 식으로 계산해 들어가면 금액이 정확히 맞아 떨어지게 됩니다. 그런 다음 자신이 원하는 가격대까지 떨어지게 되면 다른 사람들도 수의계약으로 들어올 수 있기 때문에 다만 얼마라도 더 올려 써서 입찰하게 되면 낙찰될 확률이 높아지게 되는 거죠.

긴급공매

　얼마 전 상이군경회에서 긴급공매로 올라온 제품 중에 화채, 주스 등의 9만개짜리 제품을 보면 시중에서는 1,500원에 판매되는 제품이 지금 8,90원으로 거래되고 있고, 50원까지 떨어질 것으로 보입니다. 하지만, 이 제품은 유통기간이 한 달밖에 남지 않은 물건으로, 하루 빨리 처리하지 않는 이상 공매에서 내려오게 되어 결국 폐기처분하게 됩니다.

　하지만 폐기처분되기 전 판매가 가능하다면 어떤 식으로든 판매될 수 있도록 긴급공매로 매일 10%씩 가격을 떨어뜨리면서 가격을 낮춰주고, 심지어 이보다 더 짧은 시간에 10%씩 떨어질 수도 있습니다. 어떻게 해서든 9만개나 되는 물건을 낙찰받을 수 있도록 해야 최소한의 세금이라도 거둬들이지 않겠습니까.

그마저도 안 되어 폐기처분한다면 폐기처분하는 데에도 돈이 들어가지 않겠습니까. 긴급공매는, 긴급처분이 필요하거나 위급한 상황에 있는 물품들을 기관장의 판단 및 승인 하에 빨리 판매될 수 있도록 되어 있습니다.

몰수품이나 국고귀속물품은 세관장이 관세법에 따라 공매 또는 그 밖의 방법으로 처분할 수도 있습니다. 몰수품 등의 공매는 장치기간경과물품의 매각규정에 의해 처분할 수 있되, 다만 관세청장이 정하는 물품은 경쟁입찰에 의하지 않고 수의계약이나 위탁판매 방식으로 처분할 수도 있습니다. 이때, 세관장은 관세청장이 정하는 기준에 해당하는 몰수품을 처분하려면 관세청장의 지시를 받아야 합니다.

세관장은 몰수품 등에 대해 통상적인 물품의 보관료나 관리를 고려해 관세청장이 정해 고시한 금액의 범위에서 몰수 또는 국고귀속 전에 발생한 보관료나 관리비를 지급할 수 있으며, 몰수품 등의 매각대금에서 매각에 든 비용과 보관료나 관리비를 직접 지급할 수도 있습니다. 또한, 몰수품이 농산물일 경우, 국내시장의 수급조절과 가격안정을 도모하기 위해 농림수산식품부 장관의 요청이 있을 경우 해당 부서로 이관할 수 있습니다.

♛
상이군경회 공매의 주의성과 특수성

상이군경회의 특징은 몰수품, 국고귀속물품, 긴급공매라는 세 가지로 요약이 될 수 있습니다. 이 중 몰수품은 세관, 즉, 체화경매에서 넘어온 물건이 아니라, 압류 및 압수된 물품이라는 것을 기억할 것입니다.

쉽게 이야기해서 여행자 물품도 400달러 이상 구입한 물품에 대해 세금을 내지 않아서 몰수한 몰수품인 셈입니다. 외국에서 가져온 50만원이든 100만원이든 기준을 초과한 물품에 대해서는 압수가 되는데, 이런 몰수품들은 벌금 내지는 과태료를 부과하게 됩니다.

지난번에 어떤 여자분이 워낙 긴급하게 떨리는 목소리로 전화를 하셨는데, 담배를 수입하는 회사의 이사 직책에 계신 분이었습니다. "거기 세관공매하는 데죠?" 그러기에 "네"하고 대답했죠. 수입하던 담배가 공매로 넘어가게 됐는데 어떻게 도와줄 수 있느냐 그러시는 겁니다.

무슨 내용이냐고 물었더니, 외국에서 담배를 수입하는데 조금 아까 한 시간 전에 보세창고에서 전화를 받는데, 공매 처분시킨다는 겁니다. 그러면 언제 공매 처분시키느냐 물었더니, 다음 달에 공매 처분시킨다고 전화 내용을 그대로 말해주었습니다.

공매 처분시키는 물건의 과정을 문의하신겁니다. 그분들이야 급하게 어떻게라도 그 물건을 받아서 사업에 차질이 없게 하려는 것 같았습니다. 그러면서 보세창고에서 공매를 하느냐 묻길래 그렇지 않다며, 설명해 줬습니다.

현행법상 체화물건은 정확한 법적 용어로 장치기간 경과화물이라고 하는데, 장치기간 경과화물이 보세창고마다 기간이 다 다릅니다. 보세장 치장이나 보세창고, CY나 CFS, 컨테이너 터미널 등은 기본적으로 6개 월의 기간 동안 물건을 보관하게 되어 있고, 여행자 물품은 1개월의 기 간을 보관하게 되어 있습니다. 이 기간이 경과해야 비로소 장치기간 경 과화물로 분류되어 공매를 추진할 수 있는 공매 발생원인이 됩니다.

그러면 보세창고에서 왜 담배를 수입하는 분에게 전화를 했느냐, 그건 창고에서는 의무적으로 기간 만료 1개월 전에 화주에게 기간이 만료가 된다고 통보를 해주게끔 돼 있습니다. 물건을 반출하라고 말하면서 반출하지 않으면 물건을 공매로 처분할 수 있다고 이야기 해준 것뿐입니다.

이 이야기에 이 분이 너무 놀라 제게 전화를 했던 겁니다. 그래서 놀란 그 분의 마음을 가라앉히면서 대답을 해줬습니다. "그거 공매 보류신청을 하면 됩니다"라고. 화주가 체화대상물품에 대하여 수출, 수입, 반송에 대한 처리를 이행한다면 1회에 한해 4개월 동안 보류를 시킬 수 있습니다. 처분금지신청이라고 해서 4개월 동안 시간을 벌고 그 기간 안에 통관을 진행하면 됩니다.

세관에서도 마찬가지입니다. 세관장이 체화공매로 진행시킬 때 1개월 전에 미리 등기우편으로 화주에게 이와 같은 사실을 통보를 해야 하는데, 그걸 알려야지만 그렇게 할 근거가 있어 체화공매를 진행할 수 있습니다. 이를 통보 처분이라고 합니다.

또한, 세관에서는 체화공매에서 국고로 귀속될 때 이와 마찬가지로 체화공매에서 이렇게 유찰이 되었으니 이 물건들을 수출하든지 수입하든지 반송하든지 처리를 하라고 등기우편을 발송 및 통보한 상태에서 1개월 안에 처분하지 못하면 국고로 귀속된다는 사실을 알리고, 화주에게 이 물건에 대한 일종의 최종통보를 하게 됩니다.

이때, 체화공매 상태와 국고귀속 상태는 주체가 아예 달라지게 됩니다. 체화공매 상태에서는 아직도 화주가 물건에 대한 권리가 인정되고 살아있는 상태이지만, 국고귀속 상태가 되면 압류된 물건에 대한 화주의 권리는 아예 없어지게 됩니다.

체화공매 때 물건이 낙찰이 되면 그 판매금액은 제일 먼저 세관에서 가지고 가게끔 되어 있습니다. 관세, 부가세 등을 먼저 공제하고 정리됩니다.

그 다음으로 가져가는 곳이 질권자와 유치권자로, 물건을 보관하고 있는 보세창고 내지는 운송했던 운송회사, 컨테이너 사용을 했던 컨테이너 창고라든지 이런 곳에서 판매금액을 2차 분배하게 됩니다.

국고귀속물품은 이러한 경로를 거쳐 국고로 귀속되게 됩니다. 이때, 흔히들 이 물건이 언제 귀속됐고, 여기에서 생기는 최초 예정가가 어떻게 산출되었는지 잘 모르는 경우가 종종 발생하기도 합니다.

상이군경회 물품 리스트를 보면서 새로운 물건이 국고 귀속이 됐다는 사실을 알게 됐을 때 초보자 시절에는 이 물건이 언제 귀속이 됐고, 최초 예정가를 모를 때가 있습니다. 그럴 때에는 인수일자를 보시기 바랍니다. 만약에 5월 14일자부터 공매가 시작되는데, 인수일자가 4월 28일이다 하면 들어온 지 얼마 되지 않은 물건으로 추측하면 됩니다.

예전의 최초 예정가는 이 금액의 두 배였구나 짐작하면 됩니다. 상이 군경회 공매 0차 시기 금액이 1,500만원이었다면 체화공매에서는 3,000 만원부터 시작했구나 하는 개념을 잡고 상이군경회 공매가 진행될 때 분석해 들어가면 됩니다.

세관공매에서 중요한 것은 세관공매 변천사에서도 말했듯이 일일이 뛰어다니는 열정도 중요하긴 하지만, 그보다는 차분히 이성적으로 물건을 분석하는 것이 더 중요합니다. 현장에 가서 물건 몇 번 확인하다 보면 실제로 많은 품목들을 점검할 기회를 놓치게 되고, 돈 낭비, 시간 낭비 하면서 공매를 못하게 되는 경우도 생겨날 수도 있습니다.

그냥 집이나 사무실에서 공매물품 사진을 꼼꼼히 들여다보고 분석하고, 인터넷으로 자료 찾아보는 등 제품에 대한 분석에 시간을 투자하는 게 좋습니다. 물론, 낙찰 후 물건을 팔기 위해 현장을 뛰어다니며 영업을 하는 것도 중요하고 놓치지 말아야 할 부분이지만, 안에서 사진과 정보분석을 통해 면밀히 다시 한 번 검토하고 적정한 가격선과 판로를 어떻게 결정하고 개척하느냐 하는 부분이 더 중요하다는 걸 놓치지 말아야 합니다.

이와 같이 상이군경회 창고와 같은 곳은 오픈창고이므로, 누구나 다 왔다 갔다 하면서 물건을 미리 확인하고 상태를 점검할 수 있는 장점이 있습니다. 반면, 체화창고는 CY, CFS, 보세장치장, 터미널, 세관지정장치장, 세관검사장 등과 같이 나눠져 있고, 창고마다 그 특성이 다 다르기 때문에 물건들을 파악하는 방법이 각기 다를 수 있습니다. 그래서 상이군경회 창고에 비해 사람들이 뜸한 이유도 있고, 전국에 분산돼 있다는 것도 그 한 가지 이유가 됩니다.

그러므로 상이군경회 0차 때 누구도 생각하지 못한 물건이 들어올 수도 있습니다. 때문에 몰수품이나 국고귀속물품 공매에서는 이 물건이 체화공매에서 넘어왔으니까 무려 6번 이상 버림받았고 두 번 이상 같은 가격으로도 유찰됐으니 낙찰될 리 없다는 생각을 하시면 안 됩니다. 누구도 생각하지 못한 물건이 들어올 수도 있고, 체화공매보다 높은 가격으로 나올 수도, 심지어 더 높은 가격으로 낙찰될 수도 있기 때문에 반드시 관심을 가지고 지켜봐야 합니다.

실제 사례
극과 극을 오가면서 판매한 가발

300원짜리 공매물건, 25000원에 판매하다.

여러분 혹시 '위그'라는 단어를 알고 계십니까? 이 가발이 부산세관에 11만개가 있었는데, 원래 가격이 10억이 넘는 금액으로 국고 귀속되어 여러 번 유찰되어 돌고 돌았던 물건 중 하나였습니다. 이 11만개 중 3만개가 통가발로, 일반적으로 머리에 쓰는 가발인데, 숏 크기와 일반적인 크기, 긴 머리가 있었습니다. 그리고 나머지 8만개가 붙임머리였습니다.

제가 보통 강의를 할 때, 제가 아는 거래처에 판매하는 방식은 강의하지 않습니다. 왜냐하면 공매물건은 워낙 품목이 다양하기 때문에 기존 아는 거래선에 판매하는 부분은 훗날 다양한 공매물품을 취급하는데 있어서 크게 도움도 되지 않기 때문입니다. 여러분은 판매처를 어떻게 찾고, 물건을 팔았을 때 어떤 문제점들이 있는지 직접 느끼고 경험해야 합니다.

그런 과정을 거치며 어떻게 하면 자신이 판매의 어려움에 빠지지 않고 어떻게 해결해 가야 하는지 자신의 노하우를 체득해가야 합니다. 가발 이야기를 말씀드리는 것은, 제가 이전에 가발을 취급했었다는 것이 아니라 처음으로 어떻게 영업을 하고 어떻게 판매했었는지를 알려드리기 위해서입니다.

처음 이 가발 11만개가 처음 공매에 나왔을 때 한 개당 15,000원 꼴로 나왔는데, 계속된 유찰로 인해 가격이 계속해서 떨어지고 있었습니다. 이 제품에 눈이 갔던 이유는 인조가발이 아닌, 인모로 된 가발이었기 때문이었습니다. 이 가발은 100% 자연 인모라는 장점이 있었습니다. 이 제품의 사진을 받고, 인터넷 검색에 가발이라는 검색어를 쳐보니 용인의 ○○가발회사가 있어 연락을 했습니다.

그 업체에 영업을 하면서 100% 인모 가발이 있다고 했더니 이메일로 사진을 보내라고 해서 보낸 다음에 연락을 했습니다. 가발회사 사장이 물건이 좋다면서 얼마든지 사겠다는 겁니다. '얼마에 판매해줄 수 있느냐'해서 '만원 정도에 팔겠다' 했고, 샘플을 보내달라고 요청에 가발 샘플을 보내줬습니다.

그런데 여러분도 앞으로 경험하시겠지만, 모르는 곳과 통화를 하다보면 이런 경우가 있을 겁니다. 전화를 했는데, 이 물건처럼 의외로 반응이 좋은 곳이 있습니다. 그리고 화곡동에 가발을 수출하는 업체에 다시 한 번 전화를 했습니다. 거기서도 샘플을 보자고 해서 보여줬더니 이곳 역시 반응이 좋았습니다.

그래서 왜 그런지 가만히 생각해봤더니, 가발을 진짜 사람 머리카락으로 만든 것으로, 사람 머리카락은 기계로 뽑아낼 수 없는 거잖아요. 그러니까 사람들의 반응이 좋았던 겁니다. 인모라는 이 제품의 특수성이자 장점 때문에 가발을 취급하는 곳에서 인기가 있었던 겁니다. 물론, 일이 쉽게 풀리면 좋지만 쉽게 풀리지 않는 일도 있습니다. 조금 있다 천상에서 지옥 갔다 온 이야기도 해드리겠지만요.

그러는 사이 이 가발은 3,600만원까지 떨어져 한 개당 가격이 350원 수준으로 내려간 겁니다. 가발이 비닐에 포장이 돼 있고, 가발을 쓰고 있는 여자들 사진이 안에 들어 있는데 지퍼가 달려 여닫는 형식이었습니다. 붙임머리는 기다랗게 포장이 돼 있었습니다.

가발이 생각보다 호응이 있었고, 워낙 물건이 좋다 보니 저도 기분이 좋아졌습니다. 몇 군데 업체에서 구입의사도 밝혔고, 더도 말고 덜도 말고 만원씩 11만개를 팔게 된다면 수익률은 대단한 거니까요. 그때 당시 거래처가 있었던 것도 확정된 것도 아니었습니다.

그래서 20피트짜리 컨테이너 6개를 의정부 창고로 옮겨서 직원들한테 물건을 꺼내 분류하라고 했습니다. 그런데 조금 문제가 생긴 게 8만개 붙임머리는 문제가 없는데, 3만개 통가발이 빨간 머리, 노란 머리, 초록 머리 등으로 색깔별로 가발이 다 나오는 겁니다. 저야 가발이니까 당연히 검정색 머리인 줄로만 알았죠. 그리고 길이에 따라 각각 다른 가발이 있었고요.

일단, 검정색과 갈색 계통의 가발 샘플을 챙겨 전에 연락했던 용인의 가발업체에 샘플을 택배로 보내드리고 며칠 후에 찾아갔습니다. 사장과 마주한 자리에서 사장이 이 가발 못 쓰는 물건이라고 하면서 말을 해주는 겁니다. 저도 그제서야 가발 포장 안에 있던 종이의 모델들이 백인이 한두 명이고, 나머지가 흑인이라는 걸 알게 됐습니다.

그리고 이 제품은 미국으로 수출했다가 반송된 물건인데, 미국 사람들과 한국 사람들의 가발 사이즈가 틀리다는 거예요. 그러면서 사장이 저보고 들으라는 식으로 "○○실장, 그거 절개해서 하면 될 것 같아? 해봐야 될 것 같다고? 다시 전화한다고?" 그러는 겁니다. 다른 물건들은 다

못 쓰고 긴 머리만 절개를 해서 사용할 수 있는데, 사이즈를 맞춰 작업을 해야 한다는 겁니다.

사장이 저에게 가발이 얼마만큼 있는지 묻는데, 선뜻 3만개나 있다고 말을 못 하겠더라구요. 순간 위축됐는지 2천개 있다고 했더니 그 사장이 그 물량이면 우리가 50년을 팔 물량이라고 했습니다. 정말 눈앞이 깜깜해졌습니다. 얼마에 구입할 수 있느냐 물었더니 천원 정도면 생각해보겠다는 겁니다. 그것도 색깔별로 있는 가발 중 검정색 계열 가발로 선별해 갔는데, 한 개당 천원밖에 되지 않고, 이 업체에서 절개해서 사용해야 한다고 하니, 참 황당했습니다.

통가발이 이런데 붙임머리는 어떻겠습니까? 직원에게 붙임머리 중 색깔 있는 것은 빼고 검정색으로만 해서 화곡동에 다녀오라고 했더니, 직원의 얼굴이 잔뜩 상기된 채 굳어서 들어오는 게 아닙니까. 그래서 자초지종을 물어봤더니 아주 수모만 당하고 돌아왔다고, 이런 물건은 버릴 때에도 돈 주고 버려야 한다는 것이었습니다. 기간이 오래돼서 못 쓰는 물건이라며, 저희 직원 앞에서 라이터로 불태우면서 다 버려야 한다고 했었답니다. 버릴 때 인모는 재활용도 안 된다며, 그 사람한테 수모를 많이 당했는지 그때까지도 얼굴이 시뻘겋게 돼 있었습니다.

하지만 저는 그런 경험을 많이 해봤고, 그보다 훨씬 센 강도의 경험도

해본 터라 한숨 한 번 쉬고 마음을 바로잡고 다시 시작하면 되었지만, 경험이 부족한 직원들은 적잖이 당황하고 충격이 어느 정도 컸나 봅니다. 저 역시 미리 알아봤던 업체들에게서 예상외의 반응을 보고 지금까지의 일들을 정리하고, 어떻게 판로를 개척할지 생각을 해봤습니다.

그래서 생각을 정리한 게 '내 스타일대로 하자'였습니다. 그때 당시 제 사무실이 2층에 있었고, 1층에는 미용실이 있었습니다. 가발을 종류별로 15개를 꺼내서 미용실로 보내고, 저는 옥션에서 머리카락이 없는 상반신용 마네킹 하나를 주문했습니다.

미용실로 보낸 가발은 홍보용 가발로 만들려고 모두 드라이 처리를 해서 가져왔습니다. 그런 다음 마네킹에다 가발을 씌워 사진을 정면, 측면 등에서 찍어 출력해 파일에 번호를 붙여가며 사람들이 보기 좋게 넣었습니다. 이렇게 팸플릿을 세 권을 만들었습니다.

제가 두 번째로 한 일은 제가 영업했던 곳이 딱 두 군데였는데, 그때가 되니까 물건이 어디에 있고, 잔고가 몇 개 있고, 칼라별로는 어떻게 되는지 다 파악이 되었습니다. 3만개 중 1만개가 빨주노초파남보와 같이 색깔이 있는 가발이고, 2만개가 검정 갈색 가발이었던 겁니다. 모든 게 파악되니까 이제 본격적으로 영업에 들어가게 된 겁니다.

영업을 할 때 처음에 너무 많이 영업을 하면 혼선이 오니까 조심해야 합니다. 인터넷에서 조사를 했더니 동대문의 ○○ 가발이 나오고, 의정부의 ○○ 가발이 나왔습니다. 그래서 전화를 해서 가발 있는데, 좀 사시겠느냐고 했더니 수량이 얼마나 되냐고 묻더군요. 일전의 경험도 있고 해서 정확히 수량을 말하지 않고 좀 있다고만 대답했습니다.

그러자 가격이 얼마 정도 하느냐 묻길래, 제가 가발을 산 원가는 360원이었지만, 원래 5만원 정도 한다고 하면서 직원한테 보낼 때 색깔이 좋은 것과 마네킹에 가발 씌워 찍은 사진 팸플릿을 보냈습니다. 그 사장이 마네킹 가발사진을 유심히 보고 나서 가발을 살피기 시작하는데, 가발을 태워보니 인모가 맞다고 하고, 사이즈 이야기는 특별히 하지 않았습니다.

그 가발업체에서 어떻게 그 많은 가발을 가지고 있느냐 하길래 물건 대금으로 받은 것으로 처분하려고 한다고 하자, 최종 합의된 가격이 5,000원이었습니다. 가발 팸플릿에 있는 대로 A-1가발은 500개, A-2는 300개 등과 같이 이런 식으로 이 업체에 처음에 3,000개를 팔았습니다.

그 다음에 일주일 후에 물건이 또 들어왔다며 3,000개를 팔았고, 다시 일주일 후에 3,000개를 파는 방식으로 거래를 해서 12,000개를 판매했습니다.

이 분들은 전국의 가발 체인점들을 많이 아시는 분들이라 처음에 받은 3,000개를 10만원, 20만원에 팔았는데, 먼저 좋은 디자인과 컬러를 우선적으로 구매하신 경우가 되는 겁니다.

그러고 나서 다른 업체에 연락을 했습니다. 거기에서도 가발 팸플릿과 실제 가발 샘플을 보여줬더니 팸플릿을 가리키며, 이거 몇 개, 이거 몇 개 이런 식으로 구입을 해주셨습니다. 거기 같은 경우는 한 개당 2만원씩 비싸게 판매할 수 있었습니다.

이제 남은 각양각색의 가발을 처리해야 되는데, 문득 염색을 해서 검정색 가발로 만들어 버리면 판매가 용이하지 않을까 하는 생각이 들었습니다. 그래서 사무실에서 염색약을 풀어 몇 개를 시험 삼아 해봤습니다. 염색약을 풀어 가발을 담그는 건 문제가 아닌데 어떻게 건조해야 하나, 건조기에 넣고 돌려야 하나 별 생각이 다 들더라구요. 그러다 직원들이 힘이 좋으니 바닥에 탁탁 털어서 건조시키기로 했습니다.

그런데 문제가 있었습니다. 염색약 통에 담갔던 가발을 건조시켜야 돼서 퇴근 전에 줄에 가발을 걸어놓고 퇴근을 했는데, 다음 날 출근을 해보니 가발이 다 떡처럼 얽혀 있던 겁니다. 염색약을 잘 모르다 보니 이런 시행착오와 실패도 겪게 되더라구요.

그러다 종로1가에서 패션가발만 취급하시는 할아버지를 알게 되었습니다. 마침 빨주노초파남보와 같이 특색 있는 가발만을 좋아하는 여성분들이 있다고 하시어, 또 다른 가발 판로를 열게 되었습니다.

동시에 서 이사님이라는 분이 가발 판매에 합류하게 되면서 보다 더 원활하게 가발을 판매할 수 있는 판로를 구축할 수 있었습니다. 서 이사님은 미용실에서 머리를 자를 때 이 가발을 교육훈련 보조재료(교보재)로 사용한다고 하셨습니다. 그래서 본인이 거래하는 전국 미용학원에 가발을 공급해 주고, 본인이 중간 마진을 챙긴 거죠.

그때 당시에 각양각색의 가발을 한 개당 15,000원에 내놨기 때문에 물건이 워낙 싸다 보니 이 가발을 판매할 곳이 많아 이분, 저분 서로 팔겠다고 가져가는 바람에 금방 나머지 만 개의 가발을 한 개당 2,000원의 순이익을 받고 모두 판매할 수 있었습니다. 그리고 나머지 붙임머리 8만개는 외국에 수출하는 관련업체에게 전량 판매했습니다.

이렇게 해서 통가발 3만개와 붙임머리 8만개를 모두 처리할 수 있었습니다. 저에게도 이번 가발 판매는 상당히 다이나믹하게 느껴졌습니다. 다양한 판매방법을 찾아내 판매할 수 있었으니까요. 만약에 여러분들이 이 가발을 판매했다면 어떻게 하셨을 것 같으세요? 물론, 저보다 더 좋은 방법으로 판매하시는 분도 계시겠지만, 대부분 이 제품이 못 쓰는 물건이라는 업체 사장의 말을 듣는 순간 멍해지고 말 겁니다.

　제품을 낙찰받기 전 알아두었던 판로가 막혀버리고, 제품에 대한 정보 분석도 잘못된 것이라 믿어버리게 되니까요. 이런 순간이 오면 정말 위험해집니다. 자기 자신마저 흔들리게 되면 제품에 대한 확신이 사라져버리게 되고, 결국 제품을 판매하고자 하는 의지마저 꺾이게 됩니다. 세관공매를 배우시는 분들이 가장 조심해야 할 때가 바로 이 순간입니다. 절대 팔지 못하는 물건은 세상 어디에도 없습니다.

　저 역시 당혹스러운 순간은 있었지만, 이내 제 중심을 잡고 제품을 이해하면서 제품에 대한 확신을 가질 수 있었습니다. 제품에 대한 확신이 드니까 이 물건을 판매하지 못한다는 생각은 절대 하지 않고, 오히려 판매할 수 있는 곳이 많을 것 같다는 생각이 들었습니다. 그래서 일사천리로 가발을 모두 판매할 수 있었습니다. 가장 판매가 어려웠던 붙임머리도 수출업자에게 모두 판매할 수 있었습니다.

　여기서 중요한 것은 여러분들이 앞으로 세관공매를 하실 때에 낙찰을 받은 다음 여러분들이 한 개당 몇 천원에 받았다면 쉽게 치고 나갈 수 있는 방법이 없었겠죠. 또한 영업이나 시장조사 하러 갔을 때 가장 위험한 것이 세관공매 물건이라고 밝혔는데 바이어가 '못 써요, 안 돼요' 할 때 실망하거나 좌절하기 쉽습니다.

그것보다도 먼저 물건을 믿으십시오. 이 물건을 제조하거나 수입한 사람을 생각하면 이 물건은 참 귀한 물건입니다. 여기서부터는 우리가 이 물건을 풀어가는 기술이 필요합니다. 원래 10억이 넘는 인모를 한 개당 300원대에 낙찰받아 판매하지 못한다는 건 말이 안 됩니다.

옛날 일화 중에 못 사는 신혼부부 집에 남편 친구가 방문을 했는데, 마땅히 대접할 게 없어서 머리를 잘라 남편 친구를 대접했다는 이야기가 있을 정도로 귀한 머리카락인데, 그냥 헐값에 판매하거나 판로를 잡지 못한다는 건 있을 수 없는 일이라고 봅니다.

아직도 세관공매에는 아무에게도 선택받지 못하고 버림받은 물건들이 많습니다. 세관공매를 배우시는 분들은 앞으로 이런 물건을 공매에서 낙찰받아서 적합한 가격을 받아내는 기술을 꼭 가지고 있어야 하고, 자신만의 판매 철학과 자존심을 가져야 합니다.

상대방이나 판매업체가 '안 된다, 못 쓴다' 해서 쉽게 좌절해서는 안 됩니다. 제가 25년간 1,000여건이 넘는 공매물품을 낙찰하고 판매 했는데, 물건에는 임자가 꼭 있습니다. '안 된다, 못 판다' 해도 꼭 사는 사람이 있습니다. 그게 바로 다른 점입니다. 세관공매는 가격이 무기입니다. 실제로 세관공매에는 수억원이 넘는 물품이나 수천만원이 되는 물품이 수백만원에 낙찰되는 경우가 상당히 많습니다.

가발의 경우에서처럼 먼저 미용실로 보내 예쁘게 드라이를 했듯이, 우선 제품을 예쁘게 만들어야 판매도 잘 됩니다. 세상에 나오기 전까지 서로 얽혀 숨 막혀 죽기 직전까지 갔던 제품들을 화려하게 변신시켜 주면 당연히 주인한테 돈을 벌어다주기 마련입니다.

보세창고에서 아무에게도 선택받지 못하고 방치돼 있던 물품들이 미용실에서 예쁘게 꾸며주고 세상 밖으로 나오면 얼마나 좋아하겠습니까. 그런 정성을 자신이 가지고 있는 물건들에게 들여야 합니다.

단순히 아무 노력도 하지 않고, '우리나라 사이즈에는 좀 작다'며 부정적인 말에 금방 수긍하면 안 됩니다. 판매자가 그렇게 생각을 하면 물건을 판매하는 것은 더욱 더 어려워질 뿐입니다. 나를 포함해 내 주위의 사람에게 제품의 장점을 부각시키고, 손수 체험해 봐야 물건에 대한 확신을 가질 수 있게 됩니다.

머리가 큰 남자 머리에도 가발이 들어가는데, 하물며 가발을 자주하는 여자 머리에는 어떻겠습니까. 사람 머리에 안 들어가는 가발은 이 세상에 어디에도 없다고 생각하셔야 합니다. 그런 마음을 가지고 긍정적인 마음과 정성을 기울이면 안 되는 일이 없습니다.

봉제인형, 곰인형이 만 개 정도 나온 적이 있었습니다. 직원들이 남대문 같은 곳 인형 도매상을 찾아가 가격을 물어보았더니, 한 개당 200~300원에 팔린다고 합니다.

이 인형들이 남대문 도매상으로 가게 되면 주로 뽑기 기계 쪽으로 간다고 하는데, 이 인형은 뽑기 기계에 들어갈 인형은 아니었습니다. 귀하고 몸값이 있는 인형들이었는데, 가야 할 곳이 아닌데도 판매자가 한순간에 잘못 생각하면 헐값에 팔려서 아무데서나 뒹굴게 됩니다.

그래서 저는 유명 백화점에 홈인테리어 매장을 30점 정도 입점시켜 운영하고 있는 지인을 찾아갔습니다. 집에 있는 모든 인테리어를 포함하여 인형, 소품, 냄비 같은 것도 전시돼 있는데, 거기에서는 인형도 인테리어로 사용되고 있었습니다. 그 인형을 그곳에 갖다 놓으면 3~4만원에 판매가 됩니다. 남대문에서 200~300원 하던 곰인형이 홈인테리어 매장으로 가게 되면 10,000원 이상에 팔리게 되는 겁니다.

그 매장에서는 제게 인형을 3,000원에 사서 30,000원에 판매하는 거죠. 시장과 백화점 중 어디에 납품을 하느냐에 따라 물건값이 10배 이상 차이가 나는데, 곰인형의 입장에서 생각해봐도 보세창고에서 나와서 시장에서 팔리는 게 좋을까요, 아니면 백화점에 팔리는 게 좋을까요? 그걸 바로 여러분들이 해줘야 하는 일입니다. 사실, 공매에 나와서 낙찰된 제품 중 좋은 곳에 팔리지 못한 물건들도 많습니다. 참, 애석한 일입니다.

우리가 세관공매 공부를 하다 보면 상품분석이라는 걸 공부하게 되는데, 원산지부터 이 물건들이 정말 귀하게 쓰일 것 같고 비싸게 팔릴 것 같은 물건들이 있다면 우리가 찾아서 그렇게 되도록 해주어야 합니다. 세관공매가 단순히 우리가 공부하고 배워온 것처럼 세관에서 낙찰받아서 1,000원짜리 물건을 1,500원에 파는 것은 굳이 세관공매의 수익률에 대한 깊이를 공부하지 않아도 된다는 것입니다.

어떠한 상황이나 어떠한 방법이 되었든지 담대하게 처리해 나가는 것이 중요하고, 공매공부을 계속하다 보면 장비와 같은 물건을 역수출을 하기도 하는 등 여러 가지 경우들이 아주 많습니다. 체화공매에서는 가격이 50%만 하락하지만 상이군경회 공매에서는 노래제목처럼 끝까지 '돌고 돌고' 돌아, 폐기되지 않는 이상 낙찰자가 있을 때까지 가격 하락이 이루어집니다. 그러니까 여러분들은 그러한 시스템을 잘 이해하셔야 합니다.

킹옥션 이용안내 및 공매물품 열람방법

킹옥션은 전국 세관에서 공매로 진행되는 세관공매 물품의 자세한 정보를 제공하고 있습니다. 인터넷 세관공매 입찰공고만으로는 어떤 물품인지 알 수 없기에 공매물품이 보관돼 있는 현장을 일일이 찾아다니는 번거로운 일은 다소 많은 시간과 경비가 소요되는 불편함이 많은 일입니다.

이 때문에 킹옥션에서는 이런 분들의 불편을 최소화하고자 인터넷 세관공매 정보를 제공하고 있습니다. 이제는 편안히 집이나 사무실 또는 스마트폰으로 언제 어디서 어떤 공매물품이 얼마에 진행되는지, 또는 실시간 공매진행중인 공매물품의 현장 실제 사진정보을 보실 수 있습니다.

여러분께서 세관이나 상이군경회의 공매정보를 보시면 아시겠지만, 킹옥션 사이트에서 제공하는 사진정보를 보면 훨씬 다양하고 정확하다는 사실을 알게 되실 겁니다. 그리고 굳이 세관과 상이군경회 사이트를 번거롭게 방문하실 필요 없이 킹옥션 사이트에서는 모두 한 번에 확인할 수 있는 장점이 있습니다.

　　킹옥션에서는 위와 같이 공지사항을 통해 세관공매 공고사항을 발 빠르게 전해드리고 있으며, '공매길라잡이', '질문답변', '자주묻는질문' 등을 통해 세관공매에 대한 간단한 정보를 확인할 수 있습니다.

작성일 : 14-03-24 23:45

검색목록   목록

[부산본부세관] WOODEN FURNITURE STONE PRODUCTS

관심물품담기   트위터

품명	[부산본부세관] WOODEN FURNITURE STONE PRODUCTS		
입찰공고번호	부산본부세관 2014 제 2차	입찰공매번호	030-14-02900029
물품관리번호		공매회수	8단근고일시참조
보관장소	부산인터내셔널터미널감만CFS	수량	3
중량	240	화물관리번호	135NKO33487-3709-001
현재입찰예정가격	입찰 진행중	최초입찰예정가격	515,620
공매조건			

인천본부세관
공매물품

인천공항세관
공매물품

부산본부세관
공매물품

보훈복지공단
공매물품

긴급공매입찰
공매물품

기타세관
공매물품

공매물품
현황분석

최신입찰공매
바로가기

추천물품공매
바로가기

고객센터
TEL: 070-4843-3773
FAX: 070-4843-3774

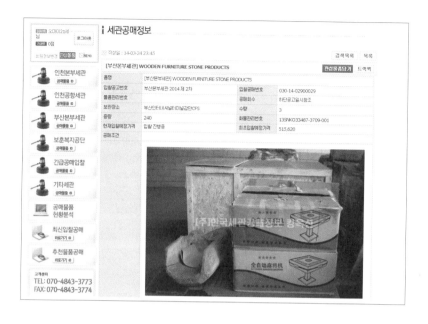

킹옥션에서 제공하고 있는 위의 세관공매 물품정보와 사진은 세관이나 상이군경회에서 제공하고 있는 정보와 사진보다 더 다양하고 구체적이며, 정확합니다. 그리고 세관 공매물품 중 입찰 추천할 만한 물품들을 보실 수 있고, 최근 낙찰된 물품들을 보실 수 있으며, 낙찰 현황도 파악할 수 있습니다.

다만, 구체적인 세관공매 정보를 보기 위해서는 유료정보를 통해야 하고, 유료결제 후 이용 가능하다는 것을 아셔야 합니다. 이는 일반인과 세관공매를 준비하는 사람들에게 제공하는 차별화된 서비스로, 굳이 현장까지 가서 물품을 확인하는 번거로움을 해결하고 여러분께서 편안히 인터넷으로 물품을 분석하도록 도와드리는 킹옥션만의 독특한 서비스입니다.

킹옥션에서는 주요 세관뿐만 아니라 세관공매가 올라오는 모든 정보를 제공하고 있으며, 상이군경회 공매는 아래 사진 하단의 링크를 클릭하면 다음과 같이 해당 정보를 확인할 수 있습니다.

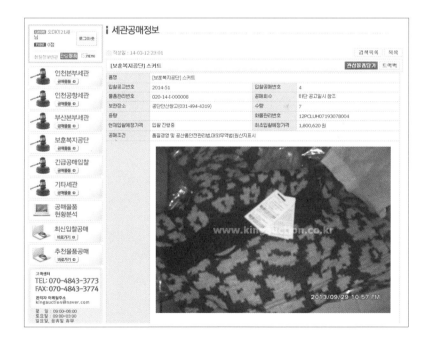

    또한, 킹옥션에서는 일일이 긴급공매 정보를 해당 사이트에 가서 확인

할 필요 없이 곧바로 확인할 수 있습니다. 긴급공매에 대한 진행 현황을

확인하고자 한다면 아래 사이트 주소를 누르면 다음과 같이 손쉽게 연

결됩니다.

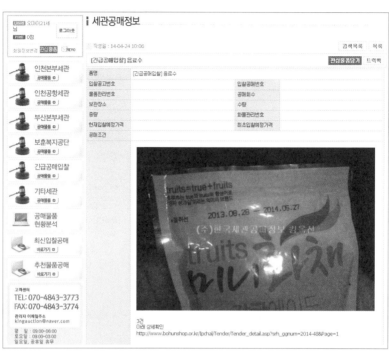

　　그리고 킹옥션에서는 주요 세관뿐만 아니라 세관공매 정보가 올라오는 모든 사이트의 정보를 한꺼번에 제공하고 있으니 여러분이 편리하게 이용할 수 있습니다.

제6장

몰수품 및 국고귀속물품 공매 2

몰수품 및 국고귀속물품 공매 2

세관공매 입찰방법

몰수품 및 국고귀속물품 공매 2

이제 여러분들에게 상이군경회 공매는 체화공매에서 낙찰자 없이 유찰돼 본래 가격의 50%까지 떨어져 국고로 귀속된 후 0차에 시작되는 물품이 있고, 밀수출, 밀수입 등으로 압수 및 몰수되어 생물이라든지 유통기한 등을 이유로 긴급히 처리를 요하는 물건의 경우 긴급공매로 진행한다고 간단하고 명확하게 정리가 돼 있을 겁니다.

또한, 체화공매에서는 1차부터 6차까지 공매가 진행된 후에 낙찰되지 않은 물건은 재공매가 이루어지지 않은 채 국고로 귀속되기 때문에 수의계약기간이 별도로 존재하지만, 상이군경회 공매에서는 공매에 재공매, 재공매를 거쳐 공매에 나온 물건이 낙찰되기 때문에 별도의 수의계약기간이 없다는 사실을 기억하시기 바랍니다.

2014년 제3차 전자입찰공매목록(부산세관 수입화물)										
공매번호	화물관리번호	B/L번호	반입일자	품명	수량	용량	보세구역	공매조건	공매배정가격	제세총액
030-14-03900001	14CKCC0209N2-0039-	CKCOTVO1400898	2014/01/28	PAPER BOARD	3 U	2,957.0	제1부두(부산)	대외무역법(원산지표시) 정확한 수량은 출고시 검수에 의함	13,318,837	1,210,800
030-14-03900002	13CCLF10210-0007-001	CODKBDL329 0090	2013/07/22	건고추(수분 80%미만의 냉동창고주)	1,791 U	35,999.1	(주)케이엠보세창고	식품위생법 식물방역법 대외무역법(원산지표시) 정확한 수량은 출고시 검수에 의함	245,992,457	222,442,200
030-14-03900003	13NSSLPA085-3060-	NSSLLCBSC1300785	2013/08/21	FROZEN WHITELEG SHRIMP	644 U	3,864.0	물일냉장(주)	식품위생법 대외무역법(원산지표시) 정확한 수량은 출고시 검수에 의함	38,676,337	6,446,056
030-14-03900004	13SNK034161-2034-001	TEH1307981	2013/10/08	FROZEN PIE SHEET	10 U	160.0	고려수산(냉장)	식품위생법 양곡관리법 대외무역법(원산지표시) 정확한 수량은 출고시 검수에 의함	2,860,723	452,700
030-14-03900005	13HJSC09317-4054-001	WSPUS13N115488	2013/11/10	MATTRESS SET	456 U	3,648.0	부산안터내셔널터미날(주)감만CY	전기용품안전관리법 대외무역법(원산지표시) 출고시 검수 공항 조건 상 CASAONI(상표권자의 동의 후 공매 조건)	29,912,130	4,733,560
030-14-03900006	13KMTC25941-0265-	KMTCSHA3985040	2013/07/02	COPPER MATTES POWDER FORM, TON BAG	54 U	43,890.0	한국허치슨터미날(주)부산컨테	현품 및 수량 확인후 응찰할 것	10,124,106	920,373
030-14-03900007	13HDMU152A3-2031-007	TUS13110775 A	2013/12/01	STONE PRODUCTS GRANITE	28 K/G	45,000.0	한국허치슨터미날(주)부산컨테	대외무역법(원산지표시) 원산지 일부 미표	15,548,374	2,450,500
030-14-03900008	13SNK042665-0054-055	NEOTSN13120036	2013/12/10	SALTED RADISH	72 U	39,720.0	한국허치슨터미날(주)부산컨테	식품위생법 대외무역법(원산지표시) 응할 전 현품 검수(량) 확인요	13,573,070	2,885,610
030-14-03900009	13COHEV1638-6802-	SNKO0241308 1505B	2013/09/03	GRANITE STONE	8 K/G	23,000.0	인터지스(주)7부두(큰)보세창고	대외무역법(원산지표시) 원산지 부적정 표	5,038,589	797,340

위에 있는 공매목록에서 볼 수 있듯이, 몰수품 및 국고귀속물품에서 앞으로 공매조건이라는 말을 많이 듣게 되실 텐데, 세관 공매조건은 무역을 하거나 일반사업을 할 때 외국에서 물건을 수입을 하는 경우가 종종 있는데, 수입조건이 곧 공매조건으로 보시면 될 겁니다.

공매조건은 따로 공부를 하는 것보다도 대한민국에서 사업을 하시는 분이 중국에서 물건을 수입해 올 때 수입하는 통관절차에 의해 현행법 상 수입조건들이 있습니다. 그 조건들이 똑같이 적용되는 것이 공매조건 입니다.

예를 들자면, 원산지 표시, 공산품 품질관리법, 전기형식승인, 전파법, 유해화학관리법 등 공매조건들이 있는데, 이 조건들 자체가 공매조건이라기보다는 원래 그 자체가 수입조건들입니다.

세관공매를 모르고 안 하시는 분들도 외국에서 물건을 수입할 때 물건들에 이 조건들이 붙어 있다면 해당되는 조건들을 모두 이행해야 합니다. 공매조건의 최초 시작은 세관에서 수입화물을 통관할 때 일률적으로 품목에 대해서 공매조건을 다 붙이게 됩니다.

수입업자가 수입을 할 때 세관에서 그 조건들이 똑같이 적용하는데, 화주가 그 물건에 대해서 포기할 경우 보세창고로 넘어올 때 수입되는 물품들의 조건이 공매조건으로 이름이 바뀌는 것뿐입니다.

예를 들어, A라는 화주가 중국에서 종이컵을 수입했다고 했을 때, 종이컵에 'Made in China'라고 원산지 표시를 하지 않았다면 어느 법에 저촉되느냐하면 '대외무역법'에 의한 원산지 표시대상에 걸려 원산지 표시 보수작업 승인을 받아야 합니다. 그래서 창고에서 원산지 보수작업 승인을 했다고 확인서를 제출해야 화주가 물건을 수입할 수 있도록 통관을 거칠 수 있습니다.

공매에서도 원산지 표시대상에 걸려 있다면 똑같이 창고에서 아르바이트를 시켜서라도 원산지 표시작업을 해서 원산지 표시 보수작업을 했다는 것을 확인해야 공매물품을 반출할 수가 있습니다. 즉, '공매조건은 곧 수입조건이다' 이렇게 생각하시면 됩니다.

세관공매 입찰방법

공매번호	040-14-02900041				
화물관리번호	135X05G8NI4-4002-626				
세관명	인천공항세관				
공매예정가격	99,880				
입찰대상	기납				
보세구역	뉴나이티드파슬서비스컴패니 Tel : 032-744-3100				
공매시작일시	2014-05-08 10:00:00		공매종료일시	2014-05-08 13:00:00	
보증금납부마감일시	2014-05-08 13:00:00				
담당부서	인천공항세관 통관지원과				
문의전화					
공매조건(기타)	폐기불무납급납무매상제품은 수입 후 한국환경공단에 납				

란번호	품명	공매조건(상세)	수량	중량	관심물품
1	WOMENS EVENING DRESSES	관련법규	1 U	0.5	미등록

관심물품등록 입찰 목록

세관 공매물품 상세정보나 관심물품 상세정보 화면에서 입찰버튼을
클릭한 후 입찰유의사항과 공매조건 확인 후 동의버튼을 클릭하면 입찰

금액과 입찰보증금 입력화면이 나오게 됩니다.

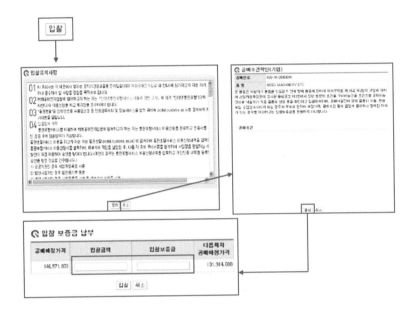

자신이 입찰하고자 하는 제품에 입찰금액을 입력하면 '입찰금액' 10%
의 '입찰보증금액'이 자동으로 생성되는데, 이때 자동으로 생성된 금액
이상 보증금을 납부해야 합니다. '입찰' 버튼을 클릭하면 입찰보증금 PG
서비스가 실행됩니다.

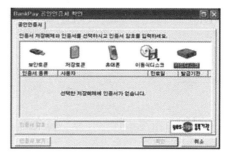

　출금은행, 계좌번호 등을 입력한 후 확인 버튼을 누르고, 출금 및 환불계좌를 확인하고, 공인인증서를 선택한 후 비밀번호를 입력하고 확인 버튼을 누르면 됩니다.

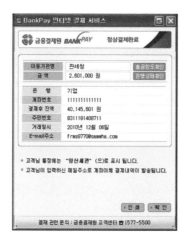

입찰내역상세정보

2010년도 05차 1회공매

공매번호	033-10-05900003		
세관명	양산세관		
공매예정가격	6,557,834		
입찰금액	6,500,000	입찰보증금	650,000
공매시작일시	2010-11-02 18:00:00	공매종료일시	2010-12-31 00:00:00
보증금납부일시	2010-12-01 21:12:57		
보증금납부상태	납부완료		
개찰발표일시	2010-11-02 20:00:00		
낙찰잔금납부마감일시	2010-11-02 20:00:00		
개찰결과			
담당부서	양산세관 통관지원과		
문의전화	521-7252		

란번호	품명	공매조건	수량	중량
1	FOOT MAT	공매조건	646	0 U
2	BLUE JEAN TROUSERS외1	공매조건	554	0 U
3	BAG	공매조건	153	0 U

　　출금내역 및 입금내역을 입력 후 확인해야 하는데, 환불계좌 정보에 등록한 계좌를 이용하여 보증금 납부가 가능하며, 계좌에 해당하는 인터넷 뱅킹용 인증서를 사용해야 합니다. 그리고 입찰보증금을 납입하면 자동으로 입찰서 제출도 처리됩니다. 입찰정보 상세정보 화면을 통해 본인이 입찰한 내역과 개찰결과를 동시에 확인할 수 있습니다.

　　'낙찰잔금'항목을 선택하여 금융결제원의 이체모듈을 이용하여 납부 처리한 후 개찰결과가 '수의계약'상태의 물품이면서 잔금액이 0원인 물품의 경우 해당 버튼을 클릭하면 '잔금납부'가 완료된 것으로 처리가 됩니다.

　　개찰결과가 '수의계약'일 경우, 잔금납부를 하지 않았을 때 해당 버튼을 클릭하면 입찰보증금 환불요청이 이루어지고, '잔금납부'가 완료된 항목에 대해서는 '낙찰대금 납부확인서'를 출력해 받아두면 됩니다.

제7장

실전공매

목록 보는 방법

상이군경회 입찰방법

♛
목록 보는 방법

　　그럼, 여러분들이 세관공매를 시작해 제품을 볼 때 어느 목록부터 봐야 하는지 궁금해 하실 겁니다. 그냥 자기가 좋아하는 물건만 보면 되지 않느냐 하시는 분들은 제가 이전부터 물건을 볼 때에는 폭넓게 봐야 한다는 말을 다시 한 번 기억을 하시기 바랍니다. 제품의 목록을 확인하는 일은 세관공매의 첫 시작이기 때문에 그만큼 중요합니다.

　어떤 목록부터 봐야 하는지 궁금하신 분들에게 신문 보듯이 목록을 보는 게 좋다고 말씀드리고 싶습니다. 킹옥션 사이트에 회원가입 및 로그인 후 우측 메뉴 하단에 있는 '세관입찰공고'를 클릭해서 이동된 페이지에서 보시는 게 좋습니다. 거기에서는 관세청에서 진행하는 체화공매 진행물품들이 있습니다.

　여기서는 전국의 각 세관에서 진행되는 체화공매 리스트들을 한 눈에 확인할 수 있는데, 각 세관을 일일이 찾아들어가는 번거로움이 없으실 겁니다. 킹옥션 사이트의 '세관입찰공고'를 보게 되면 부산세관 2차 공매, 이렇게 나와 있는데, 앞으로 공매가 몇 차례 더 남아있는지 확인할 수가 있습니다.

목록을 볼 때 체화공매는 차순으로 나가게 되는데, 가령, 인천세관에서 물건이 들어와 2014년 1월에 시작하게 되면 이것이 1차순이 되는 것이고, 용당세관에서는 3월달에 물건이 들어와 공매를 진행하게 되면 이것이 1차순이 되게 됩니다.

각 세관마다 공매가 진행되는 시기가 다르다는 것과 이때 말하는 차순은 우리가 흔히 말하는 공매가 6주 동안 6차에 걸쳐 진행되는 공매를 통칭해서 하는 말이니 구분해서 생각하시기 바랍니다. 공매는 세관마다 다르지만, 보통 10일에 시작해서 다음 달 마지막까지 6주에 걸쳐 6차 공매가 이루어지고, 잠시 쉬었다가 다시 진행되게 되는데, 체화공매는 공매 시작하기 10일 전에 법규상 반드시 공지하게끔 돼 있습니다.

전국의 세관 중, 어떤 세관에서는 1년 동안 공매가 한 번도 진행되지 않기도 하고, 어떤 곳에서는 한두 번 진행되기도 하는 등 세관마다 차이가 있습니다. 세관공매가 고정적으로 진행되는 곳은 부산본부세관, 인천본부세관, 인천공항세관, 서울본부세관 등 이 몇 군데로, 1년에 평균 5-6차순 정도 진행됩니다.

세관 체화공매에서 유찰된 물건들은 국고로 귀속되어 상이군경회 공매로 나오게 됩니다.

제목	부산세관 2014년 제3차 장치기간 경과물품 매각공고		
작성일	2014-05-08	조회수	743
첨부파일	🖼 공매 공고문.hwp [33792 byte]		
	🖼 입찰조건 및 유의사항(신).hwp [25088 byte]		
	🖼 2014년 제3차 일반입찰 공매목록-부산세관 여행자휴대품.xlsx [16711 byte]		
	🖼 2014년 제3차 전자입찰 공매목록-부산세관 수입물품.xlsx [16416 byte]		
	🖼 2014년 제3차 전자입찰 공매목록-부산세관 여행자휴대품.xlsx [13075 byte]		

부산세관 공고 제2014-14호

2014년 제03차

공 매 공 고

우리세관은 관찰 보세창고에 장치중인 물품 중 장치기간이 경과한 물품을 관세법 제208조, 제210조 및 국가를 당사자
로하는계약에관한법률 제8조, 동법시행령 제 33조, 제36조에 의거 다음과 같이 매각하고자 합니다.

2014년 05월 08일

부산세관 장

- 다　　음 -

○ 공매일시

구분	공매시작일시	공매종료일시	개찰결과및 고지일시	낙찰대금 납부기한
제1회	2014. 05. 20(화) 10:00	2014. 05. 20(화) 13:00	2014. 05. 20(화) 14:00	2014. 05. 26(월) 16:00
제2회	2014. 05. 27(화) 10:00	2014. 05. 27(화) 13:00	2014. 05. 27(화) 14:00	2014. 06. 02(월) 16:00
제3회	2014. 06. 03(화) 10:00	2014. 06. 03(화) 13:00	2014. 06. 03(화) 14:00	2014. 06. 09(월) 16:00
제4회	2014. 06. 10(화) 10:00	2014. 06. 10(화) 13:00	2014. 06. 10(화) 14:00	2014. 06. 16(월) 16:00
제5회	2014. 06. 17(화) 10:00	2014. 06. 17(화) 13:00	2014. 06. 17(화) 14:00	2014. 06. 23(월) 16:00
제6회	2014. 06. 24(화) 10:00	2014. 06. 24(화) 13:00	2014. 06. 24(화) 14:00	2014. 06. 30(월) 16:00

그렇다면 공매목록에 있는 부산세관 3차 공고을 클릭해 들어가게 되
면 공고일정과 함께 위에 보면 공매목록 저장파일이 있습니다. 이 엑셀
파일을 저장해서 열면 목록이 나오게 되는데, 이것이 바로 일반목록입니
다. 그런데 보이는 건 영어와 종이 밖에 안 보입니다.

거기에 나와 있는 영어를 사전을 보면서 해석한다는 건 어려운 일입니
다. 어떤 품목들은 틀린 경우도 있지만, 굳이 해석을 해보고 싶다면 사전

보다는 구글번역기 같은 프로그램을 권해 드리고 싶습니다. 드래그 해서 갖다 붙이면 0.5초 만에 금방 해석본을 볼 수 있습니다.

2014년 제3차 전자입찰공매목록(부산세관 수입화물)

공매번호	화물관리번호	B/L번호	반입일자	품 명	수량	중량	보세구역	공매조건	공매예정가격	제세총액
030-14-03900001	14CKCO209N2-0039-	CKCOTYO1400898	2014/01/28	PAPER BOARD	3 U	2,957.0	제 1 부두 (부산)	대외무역법 (원산지표시) 장착한 수량은 출고시 검수에 의함	13,318,837	1,210,800
030-14-03900002	13CCLF10210-0007-001	CQDHBDL3290090	2013/07/22	건고추(수분 80%미만의 냉동창고주)	1,791 U	35,999.1	(주)케이램보세창고	식품위생법 식물방역법 대외무역법(원산지표시) 장착한 수량은 출고시 검수에 의함.	245,992,457	222,442,200
030-14-03900003	13NSSLPA085-3060-	NSSLLCBSC1300785	2013/08/21	FROZEN WHITELEG SHRIMP	644 U	3,864.0	동일냉장(주)	식품위생법 대외무역법(원산지표시) 정확한 수량은 출고시 검수에 의함	38,676,337	6,446,056
030-14-03900004	13SNKO34161-2034-001	TEH1307981	2013/10/08	FROZEN PIE SHEET	10 U	160.0	고려 수산(냉장)	식품위생법 양곡관리법 대외무역법(원산지표시) 장착한 수량은 출고시 검수에 의함	2,860,723	452,700
030-14-03900005	13HUSC09317-4054-001	WSPUS13N115498	2013/11/01	MATTRESS SET	456 U	3,648.0	부산인터내셔널터미널(주)감만CY	식품의약품안전관리법 대외무역법(원산지표시) 출고시 검수 검량 조건 상 E CASAON(상표권자의 동의 후 공매 조건)	29,912,130	4,733,560
030-14-03900006	13KMTC25941-0265-	KMTCSHA3905040	2013/07/02	COPPER MATTES POWDER FORM. TON BAG	54 U	43,890.0	한국허치슨터미널(주)부산컨테	현품 및 수량 확인후 불실할 것	10,124,106	920,373
030-14-03900007	13HDMU152KA3-2031-007	TUS13110775A	2013/12/01	STONE PRODUCTS GRANITE	28 KG	45,000.0	한국허치슨터미널(주)부산컨테	대외무역법(원산지표시) 원산지 일부 미표시	15,548,374	2,460,500
030-14-03900008	13SNKO42665-0054-055	NEOTSN13120036	2013/12/10	SALTED RADISH	72 U	39,720.0	한국허치슨터미널(주)부산컨테	식품위생법 대외무역법(원산지표시) 불완전 현품 검수(량) 확인요	13,573,070	2,895,610
030-14-03900009	13COHEY1638-6802-	SNKOO24130815068	2013/09/03	GRANITE STONE	8 KG	23,000.0	인터지스(주)7부두(본)보세창고	대외무역법(원산지표시) 원산지 부적정 표시	5,038,589	797,340
030-14-03900010	13HUSC03175-0116-002	15206R2	2013/04/04	LIFE JACKET	12 U	42.0	한진해운신항만(주)자유무역지역	품질경영공산품안전관리법 대외무역법(원산지표시) 출고시 수량 및 중량은 검수(량)하여야 함	628,009	108,990

여기 일반목록에는 간단한 정보만 있어 여러분이 확인하고자 해도 힘이 드실 겁니다. 그럴 바에 차라리 킹옥션 사이트 밑쪽에 있는 세관입찰공매로 들어가게 되면 전자목록이 있는데, 여러분들이 보기 편하게 정리돼 있습니다. 그런데 전자목록에 들어가게 되면 공매 3회 때 얼마, 2회 때는 얼마, 이런 방식으로 가격이 나와 있습니다.

이와 같은 이유로 인해 전자목록에서는 최초예정가격이 없어서 수의

계약을 어떻게 적용해야 할지 모릅니다. 그에 반해 일반목록에는 떨어지

는 가격은 안 나와 있지만, 최초예정가격이 나와 있기 때문에 가격 추론

이 가능합니다. 그렇기 때문에 일반목록을 보실 때에는 가격을 추론해

서 들어가고, 전자목록을 보실 때에는 떨어진 가격은 무시하시고 그 밑

에 있는 가격을 보시면 됩니다.

현재시간 :	2014년05월11일(일) 20시03분00초

2014년도 03차 1회공매

공매번호	030-14-03900001
화물관리번호	14CKCO209N2-0039-
세관명	부산세관
공매예정가격	13,318,837
입찰대상	기업
보세구역	제 1 부두 (부산) Tel : 051-463-8353

공매시작일시	2014-05-20 10:00:00	공매종료일시	2014-05-20 13:00:00
보증금납부마감일시	2014-05-20 13:00:00		
담당부서	부산세관 통관지원과		
문의전화	051-620-6117		
공매조건(기타)	정확한 수량은 출고시 검수에 의함		

란번호	품명	공매조건(상세)	수량	중량	관심물품
1	PAPER BOARD	관련법규	3 U	2,957	등록

입찰 | 목록

두 번째, 전자목록에서는 체화에서 물건이 없어지는 경우가 생기는데, 이러한 경우 이미 다른 사람에게 낙찰된 것이고, 관심 있는 물건이 있어 입찰에 들어갔는데 밑에 통관진행 중이라고 표시된 경우는 화주가 면허 신청 중이라는 뜻으로 물건을 되찾아가려는 절차에 들어갔다는 것을 의미합니다.

그래서 어느 정도 세관공매에 구력이 붙게 되면 전자목록을 안 보게 되는 경우가 많습니다. 일반목록은 체화 1차 때부터 목록을 보면서 가치가 없는 물건, 국고로 귀속될 물건, 화주가 면허 신청할 물건, 폐기될 물건 등으로 구분하여 O·X로 구분해야 됩니다. 초보자 때는 어렵지만 차츰 어느 정도 물건을 보는 눈이 생기면서 물건을 추리는 과정에 들어가게 됩니다.

그렇게 추려진 리스트를 가지고 체화공매에서 거품이 빠지는 3차부터 물건을 확인하면서 시장조사를 하는 등 본격적인 준비를 시작해야 하는 겁니다. 물론, 이때 상품분석과 판매분석도 해야 합니다. 이렇게 리스트를 걸러내는 것은 리스트에 나온 전체 리스트를 보는 데 시간이 너무 오래 걸리기도 하지만, 자신이 집중해야 할 물건들에 신경을 자주 쓰지 못하기 때문입니다.

또한, 술과 같은 경우도 입찰에 가끔 올라오는데 주류사업자 신고가 돼 있어야 한다는 것 알고 계시죠. 현장입찰은 전자입찰과 달리 UNI-PASS 시스템으로 하는 것이 아니라, 그날 현장에 가서 사업자등록증과 인감을 제출하면 됩니다.

공매 목록은 일주일 단위로 체크해서 걸러두는 것이 좋고, 품목보다는 중량을 우선적으로 봐야 합니다. 가령 의류가 9P/T, 800만원, 800kg라면, 초보자들은 P/T를 일반적인 개수로 봅니다. 9P/T, 즉 9개인데 800만원이다? 너무 비싼 게 아니냐 생각하기 쉽습니다. 그러나 9개가 800kg이다? 너무 이상하지 않습니까? P/T는 파렛트를 의미하는 단위로, 화물을 쌓는 틀이나 대로, 지게차로 하역작업을 쓸 때 쓰는 물건을 말합니다.

1개의 P/T 위에 수십 개의 박스가 쌓여있는 게 9개나 되니까 카톤 수로는 180박스도 될 수 있는 양입니다. 특히, 초보자의 경우 이렇게 단위라든지 중량의 중요성을 모르다 보니 이런 일이 발생할 수 있습니다. 반드시 중량을 먼저 체크하고, 금액과 단가, 품목, 공매조건 순으로 목록을 봐야 합니다. 초보자들은 흔히 품목부터 많이 보지만 중량과 금액을 먼저 체크해야 한다는 거 잊지 마시기 바랍니다.

세관공매는 낮은 가격에 사서 높은 가격에 팔기 때문에 품목을 찾는 게 아니라 가격을 찾는 겁니다. kg당 얼마냐, 개당 얼마냐가 더 중요합니다. 그래야 도매보다 싼 가격으로 가격우위를 차지할 수 있고, 보다 많은 판로를 개척할 수 있기 때문입니다. 그리고 보다 큰 그림을 그리기 위해서는 체화공매에서 목록의 오른쪽에 있는 금액이 큰 것부터 봐야 합니다. 체화공매에서는 100만원에서 다 떨어져봤자 50만원이지만, 1억에서는 5천만원이나 떨어지기 때문입니다.

이와 같이 세관공매를 진행하면서 처음부터 목록을 보면서 감을 익히는 것이 중요합니다. 왜냐하면 시간 낭비를 줄일 수 있기 때문입니다. 물론, 지금의 단계에서 목록을 보면서 빼거나 더하거나 하는 수준으로 접근하는 게 여러분들에게는 힘들다는 것은 알고 있습니다.

입/찰/공/고

공고번호	공고명	공고종류	진행상태	공고일자
2014-60	HEMLOCK OAK WOODEN DOO...	일반공고	입찰예정	입찰일정 물품보기
2014-59	벙커씨유 2건, 대두 16Kg...	긴급공고	입찰예정	입찰일정 물품보기
2014-58	중국산 팥등 6건	긴급공고	입찰예정	입찰일정 물품보기
2014-57	YELLOW PEACH 3건	긴급공고	입찰종료	입찰일정 물품보기
2014-56	벙커씨유 19,539리터	긴급공고	입찰예정	입찰일정 물품보기
2014-55	YELLOW PEACH 3건	긴급공고	입찰종료	입찰일정 물품보기
2014-54	냉동게살(19Kg) 순중량 16Kg...	긴급공고	입찰종료	입찰일정 물품보기
2014-53	YELLOW PEACH 3건	긴급공고	입찰종료	입찰일정 물품보기
2014-52	중유(MF380) 5,000리터, 대두 ...	긴급공고	입찰종료	입찰일정 물품보기
2014-51	LIGHT ITEMS등 28건	일반공고	입찰예정	입찰일정 물품보기
2014-50	벙커씨유 2건	긴급공고	입찰종료	입찰일정 물품보기
2014-49	벙커C(MGO) 5,000리터	긴급공고	입찰종료	입찰일정 물품보기
2014-48	YELLOW PEACH 3건	긴급공고	입찰종료	입찰일정 물품보기
2014-47	선박용 유류(MFO380) 10,000...	긴급공고	입찰종료	입찰일정 물품보기
2014-46	대두 16Kg	긴급공고	입찰종료	입찰일정 물품보기

《 이전 1 2 3 4 5 6 7 8 9 10 11 12 13 14 15 다음 》

입/찰/물/품/보/기

▶ 공고변호 : 2014-58

(컬럼명 왼쪽의 삼각형을 클릭하면 정렬이 가능합니다. 최초정렬 : 공매번호순)
(품명을 클릭하면 상세내역을 볼 수 있습니다)

전체 ▼

공매번호	품목	품명	수량	중량	판매예정가	상태	공매조건
1	식품	팥(중국산)	0	2,560.0	7,168,000 원	낙찰	식품위생법
2	식품	팥계피(중국산)	0	120.0	378,000 원	낙찰	식품위생법
3	식품	깐녹두(중국산)	0	1,131.0	4,465,980 원		식품위생법
4	식품	모독두(중국산)	0	400.0	1,579,480 원		식품위생법
5	식품	검은콩(중국산)	0	35.0	132,990 원		식품위생법
6	식품	땅콩(중국산)	0	690.0	2,484,000 원	낙찰	식품위생법

◀ 뒤로　　➡ 입찰신청　　🖨 공매목록 프린트

상이군경회도 마찬가지로 목록을 보면서 하는 게 좋은데, 입찰공고의 리스트를 누르면 입찰일정과 함께 유의사항이 나오고, 그 아래 프린트 아이콘이 있는 곳을 눌러 저장해서 보면 리스트가 나옵니다. 이 리스트들을 보면 체화공매에서 넘어온 물건들이기 때문에 눈에 익기도 하고, 상이군경회 공매에서는 재공매에 재공매가 되기 때문에 여기 있는 물건들은 눈에 많이 익으실 겁니다.

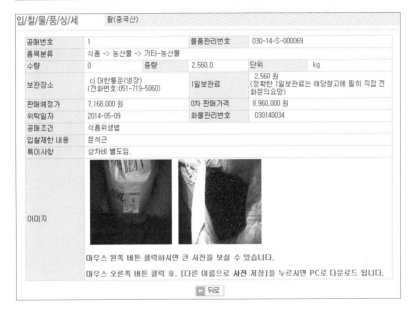

공매번호	물품관리번호	품목	품명	수량	중량	단위	0차 판매 예정 가격	공매조건	화물관리번호	보관장소	보관료	위탁일자	낙찰지수	완산장
1	030-14-S-000069	식품	팥(중국산)	0	2,560.00	kg	8,960,000 원	식	-	cj 대한통운(냉장)051-719-5060	2,560	2014-05-09	2	
2	030-14-S-000070	식품	팥계피(중국산)	0	120	kg	420,000 원	식	-	cj 대한통운(냉장)051-719-5060	120	2014-05-09	1	
3	030-14-S-000071	식품	완녹두(중국산)	0	1,131.00	kg	6,379,970 원	식	-	cj 대한통운(냉장)051-719-5060	1,131	2014-05-09	-	
4	030-14-S-000072	식품	모록두(중국산)	0	400	kg	2,256,400 원	식	-	cj 대한통운(냉장)051-719-5060	400	2014-05-09	-	
5	030-14-S-000073	식품	검은콩(중국산)	0	35	kg	189,980 원	식	-	cj 대한통운(냉장)051-719-5060	35	2014-05-09	-	
6	030-14-S-000074	식품	땅콩(중국산)	0	690	kg	2,760,000 원	식	-	cj 대한통운(냉장)051-719-5060	690	2014-05-09	1	

입/찰/물/품/상/세   팥(중국산)

공매번호	1	물품관리번호	030-14-S-000069
품목분류	식품 -> 농산물 -> 기타-농산물		
수량	0	중량	2,560.0	단위	kg
보관장소	cj 대한통운(냉장)(전화번호:051-719-5060)	1일보관료	2,560 원(정확한 1일보관료는 해당창고에 필히 직접 전화문의요망)
판매예정가	7,168,000 원	0차 판매가격	8,960,000 원
위탁일자	2014-05-09	화물관리번호	030140034
공매조건	식품위생법		
입찰제한 내용	문석근		
특이사항	상차비 별도임.		
이미지			

마우스 왼쪽 버튼 클릭하시면 큰 사진을 보실 수 있습니다.

마우스 오른쪽 버튼 클릭 후, [다른 이름으로 사진 저장]을 누르시면 PC로 다운로드 됩니다.

◀ 뒤로

여기서 하나의 허수가 있습니다. 경력이 있는 사람들은 세관과 상이군경회 공매사이트를 오가면서 물건을 체크하느라 종종 관심 있어 하는 물건들의 입찰일정을 잊어버리게 되는데, 초보자들은 자신이 관심 있어 하는 물건들이 자신이 원하는 가격대까지 떨어지기를 기다리는, 놀라운 집중력을 발휘해 물건을 낙찰받는 경우가 가끔 있습니다.

하지만 몇 개월 지나면 초보자 역시 여기저기 보게 되고 결국은 똑같은 경우가 되는 것 같더라구요. 시각이 좀 넓어지게 되니까 눈에 보이지 않던 특수장비 같은 물건도 보게 되지만, 자신이 점 찍어놓았던 물건을 놓치게 되는 거죠. 그래서 세관경매를 배우는 분들이 강의시간에 체화물건을 이야기하면 대부분이 체화공매 쪽으로 몰렸다가 상이군경회 물건을 이야기하면 다시 상이군경회 공매 쪽으로 몰리게 되는 겁니다.

이렇게 공매목록을 걸러내고 난 후 목록을 볼 때에는 일반목록을 프린트해서 본다든지, 자신이 보기 편하도록 맞게 확대 편집해서 보는 것이 좋습니다. 저 같은 경우에는 글씨가 잘 안 보여서 확대해서 보고, 빨간색 펜으로 제외시킬 것을 체크하는 편인데, 여러분들도 그런 식으로 목록 보는 방법을 습득해 가면 좋습니다. 이때, 중량, 수량, 가격, 품목, 공매조건 순으로 체크하시는 거 잊지 마시고요.

그런데 어떤 경우 중량이 잘 안 나와 있습니다. 특히 국고물품이 그런 물건들이 많은데, 그럴 때에는 어떻게 하느냐 수입화물 진행정보를 찾아보면 됩니다. 수입화물 진행정보는 킹옥션 사이트에서 세관 쪽으로 클릭해서 들어가면 UNI-PASS 사이트로 이동하게 됩니다. 거기에서 상단 메뉴 중 정보제공 – 통합물류정보 – 수입화물 진행정보라고 있는데, 거기를 보면 화면에 그 내역이 뜨게 됩니다.

거기서 화물관리번호나 BL번호를 치면 수입화물 진행정보가 나오게 됩니다. 어떤 분들은 아무리 화물관리번호나 BL번호를 쳐도 안 나온다고 하는 경우가 있는데, 그것은 물품이 몰수품이니까 수입화물 진행정보가 원래부터 없기 때문에 안 나오는 것입니다.

	수입화물 진행정보				
▸수입화물진행정보(건별)	▸수입화물진행정보(기간별)	▸Import cargo tracking	▸B/L정보조회	▸진행정보 SMS통보 설정	

⦿ 화물관리번호	12DDSCB45D0	–	0020	–
○ M B/L – H B/L		–		2014 ▾ 년도
○ 컨테이너번호		MRN 번호		

Page : 1/0   총건수 : 0 건   조회 초기화

NO	화물관리번호	B/L번호	입항일자	양륙항	운송사명
		조회항목 입력 후 조회 버튼을 누르세요			

※ B/L NO로 화물진행정보 조회시 M B/L(Master BL), H B/L(House BL) 를 구분하여 조회하여야하며,
M B/L에 입력 후 조회되지 않는 경우, H B/L에 입력 후 조회해주시기 바랍니다.

이런 물건들 이외에 대부분의 물건들은 화물관리번호 11자리, 4자리, 3자리 중 11자리와 4자리까지만 쳐도 목록이 뜨게 됩니다. 이때 앞의 11자리는 일일이 치는 것보다 드래그해서 복사해 붙여넣기를 하면 용이합니다. 그 다음 4자리는 본인이 직접 외워서 입력하시면 됩니다.

여기에서 국적이 나오게 되는데, 국가명이 아닌 항구나 수출지역명이 나오게 됩니다. 그 지명을 봐도 모르겠다 싶으신 분들은 포털사이트에 그 지역명을 치면 어딘지 쉽게 알 수 있습니다. 그래서 이 물건이 어디에서 왔는지 원산지를 파악할 수 있고, 언제 입항했는지 정확한 날짜를 확인해 두셔야 합니다. 그 밑에 보면 중량과 수량, 품목이 나오는데, 거기서 정확한 내역을 확인해야 하고, 일부 품목의 경우 일반목록보다 더 자세히 나와 있으니 참조하시기 바랍니다.

수입화물 진행정보

입항보고내역 | 화면인쇄

| 수입화물진행정보(건별) | 수입화물진행정보(기간별) | Import cargo tracking | B/L정보 조회 | 진행정보 SMS통보 설정 |

화물관리번호	12DDSCB45D0-0020-001	상태	공매진행	선박국적	CN.중국
M B/L - H B/L	DDSGMYEB45046 - CGMX1208007			대리점	DOOWOO SHIPPING CORPORATI
선(항공)사	DANDONG SHIPPING CO.,LTD	구분	수입화물	적재항	Dandong,CN
선(편)명	MING YUE			포장갯수	372GT	B/L타입	C
양륙항	인천항	업항세관	인천	업항일	2012/08/26	용적	47,650	총중량	7,980.0KG
품명	TAEKWONDO UNIFORM AND EQUIPMENTS			CNTR 갯수	1	컨테이너내역	번호	GESU4709787
통관진행	수입신고전			처리일시	2014.05.19	관리대상지정여부	N
반출의무과태료				항차	B45E	신고지연가산세	Y
특수화물코드						

하선신고 → 보세운송 → 물품반출 → 물품반입 → 체화 → 예가산출의뢰 → 공매진행

번호	처리단계	장치장/장치위치	포장갯수	반출입(처리)일시	신고번호
	처리일시	장치장명	중량	반출입(처리)내용	반출입근거변호
12	공매진행	01206008	370GT		0121401900001
	2014.05.19 09:42	(주)제이앤지로지스보세창고	7,980.0KG		
11	예가산출의뢰	01206008	370GT	2013.08.31	
	2013.08.31 20:12	(주)제이앤지로지스보세창고	7,980.0KG		
10	공매진행	01206008	370GT		0121301900216
	2013.06.03 11:04	(주)제이앤지로지스보세창고	7,980.0KG		매각보류
9	예가산출의뢰	01206008	370GT	2013.04.30	
	2013.04.30 10:45	(주)제이앤지로지스보세창고	7,980.0KG		
8	체화	01206008	370GT	2013/04/30	
	2013.04.29 20:32	(주)제이앤지로지스보세창고	7,980.0KG		

7	반입	01206008/001		370GT	2012/10/30 13:12:21	01206008120000406
	2012.10.30 13:14	(주)제이앤지로지스보세창고	7,980.0KG	보세운송 반입		02010040050012033782
	[부가 사항] (주)제이앤지로지스보세창고의 장치기간은 최대 6 개월 입니다.					
6	반출	02012230		372GT	2012/10/24 12:05:47	02012230120145180A
	2012.10.24 12:18	선광인천컨테이너터미널	7,980.0KG	보세운송 반출		02010040050012033782
5	보세운송	02012230		372GT	(도)01206008 (주)제	02010040050012033782
	2012.10.23 17:00	선광인천컨테이너터미널	7,980.0KG			(주)원스탑로지스
4	반입	02012230		372GT	2012/08/27 02:11:25	02012230120112862A
	2012.08.27 02:16	선광인천컨테이너터미널	7,980.0KG	입항 반입		
	[부가 사항] 선광인천컨테이너터미널의 장치기간은 최대 2 개월 입니다.					
3	하선신고	02012230		372GT		12020108363
	2012.08.25 18:17	선광인천컨테이너터미널	7,980.0KG			
2	적하목록심사완료	02012230		372GT		
	2012.08.25 18:16	선광인천컨테이너터미널	7,980.0KG			
1	적하목록제출	02012230		372GT		
	2012.08.25 13:16	선광인천컨테이너터미널	7,980.0KG			

- ◉ 화물관리번호 `12DDSCB45D0` - `0020` - `001`
- ○ M B/L - H B/L `           ` - `           ` `2014 ▼` 년도
- ○ 컨테이너번호 `           ` MRN 번호 `           `

[조회] [초기화]

◔ 입항보고 상세내역

제출번호	12-DDSC-B45D0	보고일자	2012-08-26	승인일시	2012-08-26 21:32
선 박 명	MING YUE	선박국적	CN 중국	선박호출/IMO부호	BATD
국제총톤수	2,453	선박종류	42 세미(혼재) 컨테이너선	입항일시	2012-08-26 23:30
입항목적	01 양적하	항해구분	99 기타		
선사/대리점명	거림해운			CIQ수속장소	2 KRINC
CIQ수속일시	2012-08-26 00:00			선박계선장소	MBC01선광 컨테이너 1 부두

☑ 항해기록

최초출항지	CNDDG	전출항지	CNDDG	전출항지 출항일시	2012-08-26 06:00
경유지1	CNDDG 2012-08-26	경유지2	KRINC 2012-08-20	경유지3	CNDDG 2012-08-19
경유지4	KRINC 2012-08-17	경유지5	CNDDG 2012-08-15	당해년도 입항횟수	2012-051

☑ 항내정박장소 이동신고

제출차수	신고자	신고일자	변경전 정박장소	이동사유	
	이동예정일		변경후 정박장소		
등록된 자료가 없습니다.					

때문에 이 물건이 언제 들어왔고, 어느 창고와 어느 창고를 거쳤는지 확인할 수 있고, 화주가 샘플을 몇 개 가져갔는지도 확인할 수 있습니다. 그리고 이 물건이 언제 체화공매로 넘어와 언제 공매가 진행됐는지, 언제 국고로 귀속되어 공매로 진행되고 있는지 이 물건에 대한 일련의 스토리를 모두 여기에서 파악할 수 있습니다. 이와 같이 킹옥션 사이트 우측 하단 세관입찰공매를 클릭해서 체화공매 쪽으로 들어가면 UNI-PASS 사이트에서 수입화물 진행정보를 확인할 수 있다는 거 잊지 마시고, 화물관리번호의 앞의 두 자리는 이 물건이 언제 들어온 것인지 표시한 것이라는 거 기억하고 계시죠.

그럼, 상이군경회 공매물품이 언제 들어왔고, 원래 얼마짜리인지 알려면 어떻게 해야 하는지 궁금해 할 수 있습니다. 상이군경회 사이트에 들어가면 몇 개의 메뉴가 있는데, 그 중에서 물품검색을 통해 창고별 검색으로 들어간 후 특정 창고를 클릭해 물품항목을 하나 클릭하면 거기에서 또 품목이 아래로 쭉 뜨게 돼 있습니다.

거기에 금액이 나와 있는데, 4천만원, 2천만원, 1천만원 이런 식으로 재공매금액이 나와 있습니다. 상이군경회 공매의 처음 가격이 4천만원이었으니까 거기다 ×2를 하면 체화공매 처음 가격이 8천만원이었다는 것을 알 수 있습니다. 체화공매에서 50% 떨어져 국고로 넘어왔기 때문에 ×2를 해야 한다는 건 모두 알고 계시죠.

전에 36억짜리 물건이 50만원대 낙찰된 적이 있는데, 가끔 물건의 가격이 잘못 책정되는 경우가 있습니다. 이러한 경우 유의해서 접근하셔야 합니다. 화물관리번호가 6자리로 표기되어 있어 몰수품이라는 사실은 체화공매를 거치지 않고 국고로 귀속된 물품이라는 사실을 알 수 있습니다. 이러한 사실들을 기반으로 목록상의 물품에 대한 상세정보를 해석할 수 있어야 합니다.

상이군경회 입찰방법

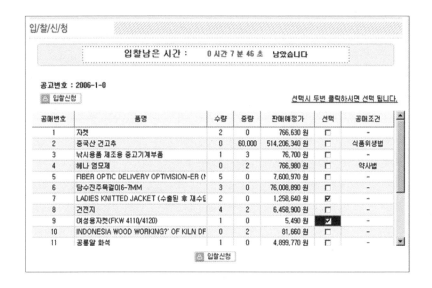

입찰하고자 하는 제품을 선택 클릭 후 입찰신청을 하시면 됩니다.

② 입찰시 유의사항

잡화 의류 테스트입니다

공고번호	품명	판매예정가	입찰금액	입찰보증금	삭제
4	헤나 염모제	공매번호 2006-1-4은 **약사법** 조건으로 입찰에 참여 하실수 있습니다.		수출	☐
7	LADIES KNITTED JACKET (수출된 후 재수입물품) 새해 복 마니마니 받~으시오	1,258,640 원	원	원	☐
9	여성용자켓(FKW 4110/4120) 의류 필히 현품 확인후 입찰요함	5,490 원	원	원	☐
	합 계 :		원	원	

인증번호 [　　　]　🔲 입찰서 작성완료

입찰보증금은 입찰금액 10%를 기입하고, 10% 이하일 때 확인메세지 가 표시됩니다. 공매조건에 해당되지 않는 입찰자는 수출조건으로 입찰 에 참여할 수 있습니다. 수출은 수출면장, 보세운송승인확인서를 제출 해야 반출이 가능합니다.

② 입찰시 유의사항

잡화 의류 테스트입니다

공고번호	품명	판매예정가	입찰금액	입찰보증금	삭제
4	헤나 염모제 헤나염색약	766,980 원	766,980 원	76,700 원	☐
7	LADIES KNITTED JACKET (수출 된 후 재수입물품) 새해 복 마니마니 받~으시오	1,258,640 원	1,258,640 원	125,860 원	☐
9	여성용자켓(FKW 4110/4120) 의류 필히 현품 확인후 입찰요함	5,490 원	5,490 원	550 원	☐
	합 계 :		2,031,110 원	203,110 원	

인증번호 ●●●●●●●●|　🔲 입찰서 작성완료

입찰금액, 10% 보증금 기입과 인증번호를 입력 후 '입찰서작성완료'를 클릭합니다.

위의 질문들에 동의 및 공람했다면 확인 버튼을 누릅니다.

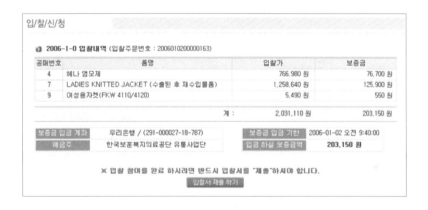

보증금 계좌번호에 입금을 완납한 후 My page에서 보증금확인 버튼을 클릭해야 입찰서가 제출되며, 확인버튼을 클릭하지 않으면 입찰서가 제출되지 않습니다.

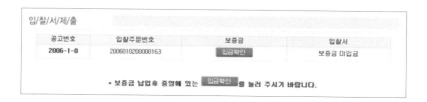

보증금 입금 후 입금확인을 클릭하면 됩니다.

입/찰/서/제/출			
공고번호	입찰주문번호	보증금	입찰서
2006-1-0	2006010200000181	입금확인	보증금 미입금

· 보증금 납입후 중앙에 있는 입금확인 를 눌러 주시기 바랍니다.

녹색부분을 클릭하면 입찰 세부내역을 확인할 수 있습니다.

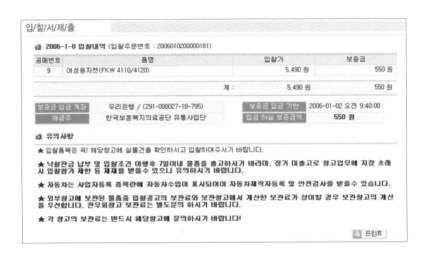

입찰내역 프린트 화면

입찰서 제출하기 화면

입/찰/서/제/출

공고변호	입찰주문번호	보증금	입찰서
2006-1-0	2006010200000163	2006-01-02 오후 4:01:59 입금완료	2006-01-02 오후 5:17:59 제출완료

• 보증금 납입후 우측에 있는 입찰서 제출 하기 를 눌러 주시기 바랍니다.

입찰서 제출 완료화면

제8장

상품분석

판매사례 1
현장조사로 판매한 노트북가방

'타가즈'라는 노트북가방이 있는데, 노트북가방 계통에서는 제법 이름 있는 브랜드입니다. 공매로 가방, 특히 여자 핸드백이 자주 나오는데, 이럴 때는 절대 관심을 가져서는 안 됩니다. 이 물건은 흔한 말로 돈이 안 됩니다. 그런데 공매로 노트북가방이 나왔다 하면 관심을 가지고 입찰에 들어가셔야 합니다.

이상하게 공매를 하는 일반인들은 핸드백이나 백팩이라면 그게 돈이 되는 줄 알고 그 물건을 낙찰받으려 노력하지만 노트북가방은 아무리 자주 공매에 나와도 입찰에 비인기 품목입니다. 그런데 희한하게도 노트북가방은 브랜드가 있든 없든 판매가 아주 쉽고 판매차익을 남길 수 있는 제품입니다.

오래된 이야기이지만 저도 노트북가방을 낙찰받은 적이 있었습니다. 그때 제가 낙찰받은 가격이 한 개당 1,500원 정도가 됐었는데, 물량만 만 개 정도가 있었습니다. 그때 당시에도 노트북을 많이 썼었으니까 쉽게 판매할 수 있겠지 싶었지만 쉽사리 판매하지 못하고 있었습니다. 아무리 인터넷에 노트북가방에 관련된 검색어를 쳐도 판로를 찾을 수가 없었기 때문입니다.

그때 저희 직원 중에 한 명은 아주 숫기가 없고 다른 사람과는 말도 잘 못하는 얌전한 직원이 있었습니다. 그에 비해 다른 직원은 되게 활발하고 영업도 잘 하는 직원이었습니다. 그런데 이 친구가 갑자기 뭔가 성과를 내고 싶었던지 제게 다가와 '사장님, 제가 이 노트북가방을 팔아보겠습니다'하며 용산 쪽에 나가보겠다는 겁니다.

순간 그렇게 용기를 내준 것이 고맙기도 했지만, 다른 사람에게 말도 잘 못 붙이는 네가 무슨 노트북 가방을 팔겠느냐는 생각이 들었습니다. 말씀드린 대로 전혀 숫기가 없는 친구라 그 친구를 부르면 정말 아가씨처럼 '예'하고 대답만 하던 친구였거든요.

그런 친구가 물건을 팔러간다고 하길래 전혀 기대를 안 하고 있었었는데, 갑자기 전화를 해서 가방을 사겠다는 사람이 있다는 겁니다. 얼마에 사겠느냐고 물어보니 5,500원에 사겠다고 했다는 겁니다. 내가 뭘 잘못

들었나 싶어서 자세히 물어보니 용산 가다가 똑같은 가방을 발견했다고 합니다. 보통 노트북가방이 15,000원에서 25,000원 정도 하는데, 그 가게 사장님이 5,500원 정도면 모두 다 사겠다고 했다는 겁니다.

이와 같이 노트북가방은 인터넷을 통해 쉽게 판로를 개척하지 못해도 현장조사를 통해 높은 가격에 판매할 수 있었습니다. 이렇게 시장조사는 거의 대부분 인터넷을 통해서 해도 무방하지만, 잡화 쪽이나 반제품 같은 경우 시장 현지조사를 통해 판로를 뚫는 게 필요합니다. 그리고 현장조사는 발품을 팔아야 하지만 인터넷에 비해 높은 가격에 물건을 판매할 수 있다는 장점이 있습니다.

일반가방에 비해 노트북가방이 왜 잘 팔리고 대량으로 팔리는지 알아보니까 우선 많이들 노트북을 사용하고 기업체나 단체로 꽤 많은 물량이 팔리는 것을 알 수 있었습니다. 오히려 잡화나 핸드백과 같은 제품들은 백화점이나 판매점 이외에 노점에서도 많이 판매가 되니까 공매에 관심이 있는 사람들이 돈이 되는 줄 알고 뛰어드는 경우가 있다는 점 알고 계시기 바랍니다.

판매사례 2
반제품인 줄 모르고 낙찰받은 생활용품

제가 전에 ○○ 스테인리스 물건을 낙찰받은 적이 있는데, 주방용품으로 싱크대 위나 옆에 세워놓는 물건이었습니다. 철골구조로 되어 있고, 그릇이나 커피를 놓을 수 있는 물건으로 물품량이 어마어마하게 있었습니다. 시장조사 단계에서 직원이 내려가서 물품감정을 잘못한 케이스로, 3박스만 물건을 뜯었는데, 완제품이 있어서 사진을 찍어 보내온 겁니다.

직원에게서 받은 사진과 정보를 바탕으로 인터넷으로 시장조사를 했는데 가격이 꽤 괜찮았습니다. 그래서 이 물건을 500만원에 낙찰받았는데, 무게가 6톤 정도 됐습니다. 그리고 이 물건을 판매하려고 창고로 가서 물건을 종류별로 해체를 시켰는데, 갑자기 뜻하지 않은 일이 벌어지고 말았습니다. 10박스만 완제품이고, 나머지가 다 반제품이었던 겁니다.

골치가 아파오기 시작했습니다. 그래도 도무지 방법이 떠오르지 않아 고철로 팔려고 스텐가격을 알아봤더니 업자가 하는 말이 이 스텐이 제일 싼 가격으로 600원 정도 한다는 겁니다. 그러면 6톤을 처리해도 360만 원밖에 받지 못하고 손실을 볼 처지에 놓이게 됐습니다. 500만원에 낙찰 받았는데 도무지 팔고 싶지 않다는 생각이 들었습니다.

과연 이 물건을 어떻게 팔까 고민에 들어가기 시작했습니다. 샘플을 가지고 와서 들고 다니면서 이걸 어떻게 할까, 어떻게 하면 판매할 수 있을까 연구하기 시작했죠. 항상 습관이 그래요. 어떤 문제에 걸렸다 하면 이 문제가 풀릴 때까지 잠자리에서도 생각해요. 이게 돈이 되든지 안 되든지 그건 중요하지 않습니다. 어떻게든 이 문제를 풀고 싶어 안달이 나죠. 저 같은 경우는 이게 몸에 뱄습니다.

왜 화주가 이 물건을 가지고 들어왔고, 이 반제품은 무얼 하려고 이렇게 많이 신고 왔는지 그 화주의 입장에서도 생각을 해봤습니다. 집에 싱크대에다가 놓아보기도 하고, 욕실에도 놓아 보기도 하고, 신발장에다가 깔아보기도 하고, 별의 별 고민을 다 하면서 그 물건의 용도를 찾아봤습니다. 그래도 별 방법이 없더라구요.

인터넷으로 다시 조사를 해봤더니 ○○ 스테인리스가 도산했다고 나오기만 했습니다. 그래서 직원에서 현장조사를 시켰더니 그 직원이 남대문

스텐 그릇 파는 데서 똑같은 물건이 진열돼 있는 것을 발견하고, 그 가게 직원한테 물으니 ○○ 공장에서 받아오는 물건이라며 그 공장 전화번호를 알게 됐습니다. 그래서 전화를 걸어 자초지종을 말씀드리고 물건을 살 의향이 있는지 그 공장 사장님께 물었습니다.

그 공장 사장님으로부터 ○○ 스테인리스가 원래 부산에 있던 업체로 도산을 했는데, 자신과 매우 친했으며 그 물건을 가져와서 납품을 하면 그 공장에서 제조를 했다는 겁니다. 그래서 반제품이 잘못된 게 아니냐 물었더니 원래부터 그렇게 들어오고, 중국에서 수입할 때도 그렇다는 겁니다. 그 말을 듣자마자 갑자기 빛이 보이는 것 같았습니다. 반제품이 잘못된 것인 줄 알고 고물로 처리할까 생각도 했었으니까요.

그 사장님이 이 물건가격을 정확히 안다고 하면서 가격 이야기를 먼저 하시더라구요. 컨테이너로 들어와 납품받을 때 2,200만원에 받는다고 하면서 얼마에 낙찰받았냐고 물으셔서 1,700만원에 낙찰받았다고 했습니다. 그랬더니 공매로 낙찰받았으면 싸게 받았을 게 아니냐고 반문하셨고 저는 직장 다니면서 공매 배운 지 얼마 되지 않아서 그렇게 됐다고 둘러 댔습니다.

이 물건을 사줄 수 있는지 묻자 물건을 직접 확인해야겠다면서 스테인리스가 있는 창고로 가서 물건을 확인했습니다. 이제 가격 흥정만이 남았는데, 이 공장 사장님의 입장에서는 제가 말한 1,700만원을 인정해 줄리가 없잖아요. 그래서 물건에 대해 말하면서 이 모델은 잘 안 나가고 이모델은 어떻고 이런저런 이유를 들면서 1,500만원이면 구입을 하겠다고하시는 겁니다. 그래서 1,500만원에 이 물건을 넘기게 됩니다.

여기에서 제가 항상 이야기하고 싶은 것이, 먼저 화주의 마음을 생각해야 된다는 겁니다. 우리가 볼 때 ○○ 스테인리스 반제품은 고철로 팔아도 될까 말까 하는 물건입니다. 이런 물건은 인터넷을 통해 쉽사리 찾을 수 없지만, 이 경우처럼 남대문이나 도매를 전문적으로 하는 곳을 찾아가면 납품하는 곳을 알 수 있습니다. 그러면 그 곳에 이 물건을 판매하면 됩니다.

그리고 이때쯤 되면 이 물건이 수입된 물건으로 체화공매에서 가격이 떨어졌다는 사실을 알게 될 겁니다. 그리고 이 물건이 반제품이다 보니 공매하는 분들이 이 물건에 대한 입찰에 들어가지 않는다는 겁니다. 반제품이니까 쓸데가 없게 되고 고물로 처리할 수밖에 없으니까 잘해야 본전밖에 되지 않는다는 인식이 강하죠. 이제는 반제품도 이렇게 판매가될 수 있다는 것을 알게 됐으니까 입찰에 들어갈 수도 있지만요.

보셨다시피 이런 반제품들은 이렇게 반제품으로 수입이나 납품을 받아서 공장에서 가공해서 완제품으로 만든다는 겁니다. 이것이 바로 현장조사가 가지는 장점입니다. 이런 사실은 절대 인터넷으로 찾을 수 없는 정보로, 인터넷 조사로 안 풀릴 때에는 이런 방식으로 풀어가야 합니다.

그리고 이때 판매방법에서는 이 분들은 이 물건이 어떻게 됐다는 것을 이미 알고 계신 분들이니까 다른 수를 쓰기보다는 이 분들에게 사실대로 말씀을 드리고 적당한 가격선에서 합의를 보시는 게 좋습니다. 이 사례처럼 절대 인터넷 조사 이외에도, 이렇게 발로 뛰어다녀야 하는 물건도 있다는 것을 잊지 마십시오. 때문에 세관공매는 때론 이렇게 창조적인 발상을 필요로 합니다.

♛
입찰 대상품목 선정

　앞에서 ○○ 스테인리스와 노트북가방 사례에서 시장조사 할 때에는 인터넷으로 할 수도 있지만, 노트북가방처럼 인터넷으로 판매처를 찾지 못해 현장에서 직접 발로 뛰며 조사하는 경우를 보셨을 겁니다. 이때에는 영업이나 마케팅 실력이 없어도 가격만 싸게 되면 인터넷에서 찾은 판매처보다 훨씬 높은 가격에 판매할 수 있다는 것을 보셨을 겁니다.

　세관공매 품목을 보면 품목도 참 다양하고 종류도 많은 것을 볼 수 있는데, 여러분들은 세관공매에 나오는 물건들이 백화점에 진열되어 있는 상품처럼 놓여져 있어 쇼핑하듯 물건을 고르면 얼마나 좋을까 생각할 수도 있을 겁니다. 물건들을 둘러보면서 직접 손으로 만져보며 치수는 어떻게 되고, 무게는 얼마나 나가며, 판매는 어떻게 하면 좋겠다는 게 한자리에서 이루어진다면 더 이상의 금상첨화가 없겠죠.

하지만 그렇게 되면 세관공매는 더 이상 공부할 필요가 없어지게 되고, 더욱 중요한 것은 금액이 내려가질 않게 된다는 겁니다. 누구나 다 볼 수 있고 만져볼 수도 있고 확인할 수 있는데, 누가 이 물건을 싸게 사도록 놔둘까요? 백화점이나 소매가격으로 구입해야 되지 않겠습니까? 세관공매는 물건을 일일이 모두 확인할 수 없고 물건의 진가를 알아보지 못하기 때문에 물건의 가격이 한없이 내려가는 것입니다.

물이 너무 맑아도 고기가 살 수 없다는 말이 있듯이 세관공매 또한 마찬가지입니다. 세관공매에 나오는 모든 물건들이 자세한 용도와 가격, 판매처까지 노출이 된다면 누가 별도로 세관공매를 공부하려 들겠습니까. 물건에 대한 아무런 정보도 없는 상태에서 판로도 모른 채 오로지 경험을 통해 하나하나 체득해 나가는 것, 그것이 바로 세관공매입니다.

아무 것도 모르는 상태이기 때문에 처음부터 끝까지 이 물건에 대해 고민하면서 알아가고, 낙찰받을 물건에 대한 판매방식을 24시간 생각하고 찾으며 결국 판로를 개척했을 때 얻는 쾌감은 상상 이상의 것입니다. 세관공매가 창의적이고 창조적이라는 말은 괜한 미사여구가 아닙니다. 바로 자신이 직접 찾고 개척하기 때문입니다.

그럼 본격적으로 입찰할 품목들을 선정할 때에는 목록상에 있는 품목만으로는 선택할 수가 없습니다. 본인이 원하는 물품들을 가지려고 한다면 외국에서 수입을 하는 것이 더 **빠릅니다**. 그럴 수 없기에 남들이 가져온 물건 중에서 시장상황과 가격상황, 그리고 판로를 개척할 수 있는 물건들로 입찰품목을 결정하게 됩니다.

이때 1순위는 남들이 볼 때 이해가 가지 않는 얼토당토하지 않는 물건을 우선적으로 보는 게 좋습니다. 남들이 봤을 때 이해가 가지 않으면 관심 있게 보거나 입찰에 뛰어들 가능성이 거의 없기 때문입니다. 2순위는 공매조건이 아주 많이 붙어 있는 물건일수록 좋습니다. 이것 역시 공매조건이 많다 보면 공매조건을 하나 풀기에도 힘든데 여러 개를 풀어야 한다면 더 힘들어지겠죠. 3순위는 최초가격이 일단 높은 것으로, 공매를 통해서 가격이 높은 것은 그만큼 떨어지는 폭이 크기 때문입니다.

예를 들어, 물건의 최초가격이 1억 5천만원이었다면 물론 그만큼의 가치를 하는 물건들도 있지만, 어떤 물건들은 10~20% 가격이 허수일 수도 있습니다. 이러한 허수를 판독할 수 있어야 세관공매를 보다 정확히 할 수 있습니다. 과거 공매에 나온 물건 중에 3억 6천만원으로 공매가 시작된 적이 있었습니다.

물론 공매를 거치면서 가격이 떨어지긴 했지만, 제가 볼 때에는 8천만원 정도면 적당한 가격이었거든요. 따라서, 상이군경회에서 최초예정가격을 확인할 때 5억짜리 물건이다 싶으면 일단 기준점으로 삼되, 100%

전부 신뢰하지는 말라는 것입니다. 이게 정말 5억짜리 물건인지, 국고귀속물품인지, 몰수품인지, 체화공매 도중에 반출이 된 물건인지 아닌지, 외화 밀반출로 나온 물건인지 반드시 확인해봐야 합니다.

외화 밀반출 같은 경우, 외국과 우리나라 업체끼리 서로 계획 하에 돈을 송금하고, 엉뚱한 물건을 컨테이너에 넣고 수입을 하는 경우가 있을 수 있습니다. 이럴 경우 업자는 당연히 물건을 찾지 않고 장치기간에 걸려 세관공매로 나오게 됩니다. 그럴 때 외국에 송금한 돈이 많으면 이 컨테이너에 들어가 있는 물건의 입찰가는 당연히 높게 책정될 수밖에 없습니다.

단순히 세관에서 하는 공매이니까 아무 문제 없겠지 생각하지 마시고, 허수일 수도 있다는 생각을 항상 가지고 있어야 합니다. 그래서 입찰 대상품목을 선정할 때에도 일단 높은 금액을 우선적으로 잡되, 허수라는 가능성을 배제하지 말고 제품분석에 들어가야 합니다.

그리고 공매조건이 덕지덕지 붙어있다고 쉽게 포기하시지 마십시오. 쉽게 풀지는 못하지만, 공매조건을 풀려고 노력을 하면 어떤 방법으로든지 풀어갈 수 있는 방법이 있으니까요. 초보자들은 공매조건이 붙어 있다면 일단 고개부터 돌리는 경향이 있는데, 그래도 일단은 입찰 대상품목으로 선정해 놓고 가격이 떨어지는 걸 기다리는 게 좋습니다.

누누이 말씀드리지만, 내가 어려우면 남들도 어려운 법입니다. 그 다음부터는 긴 시간이 지나면서 가격이 내려가게 되고 그때부터 머리싸움이 시작되는 겁니다. 그 물건이 2억이라면 계속 하락하면서 천만원이 될 때까지 시간이 6개월 이상이 걸리기 때문에 대상품목으로 선정해 놓고 물품에 대한 조사작업을 하는 겁니다. 어차피 이 기간 동안 남들도 함부로 가져가지 못하기 때문에 여러분들도 자신을 가지십시오.

일단 가격이 높은 물건은 진수인지 허수인지 파악 후에 떨어지는 폭을 봐서 적은 수익이라도 얻으려면 중간에 입찰을 하는 것이 좋습니다. 가령, 프랑스 캘러 같은 제품도 많은 사람들이 상당히 눈독을 들였던 제품이지만 20만원대까지 떨어지기 전까지는 함부로 들어가지 말라고 했습니다.

밀크 머신 같은 제품도 3억 6천만원에서 1천 2백만원까지 떨어졌는데, 그럴 수밖에 없었던 것이 상당히 복잡한 물건이었기 때문입니다. 물건값이 떨어지는 도중 판매작업에 들어가면 됩니다. 그 기간 안에 외국에 필요한 자료를 요청한다든가 알아볼 수 있는 시간이 많습니다.

수출조건도 마찬가지입니다. 우리교육생중 젠틀맥스라는 물건을 낙찰받은 분도 낙찰받기 전에 이 물건을 입찰품목으로 선정해 놓고 수출준비를 하면서 낙찰을 받자마자 수출할 수 있도록 준비를 했답니다. 이외에도 우리나라에 들어온 물품들 중 이미 검사를 받은 물품이 있다면 미리 증빙서류를 준비해 두는 것도 시간과 비용을 줄일 수 있는 방법입니다.

만약에 그것마저 안 된다면 다른 방법을 찾아보십시오. 해결방법을 많이 가지고 있으면 그만큼 쉬워지니까 이 기간 동안 어떻게든 준비를 해 두시는 게 좋습니다. 젠틀맥스는 중고가격이 5천~7천만원, 밀크머신은 3억이 넘는 데, 당연히 내가 못 하면 남들도 못 한다고 생각하고, 중간에 입찰 예상품목들을 작업해 놓고 들어가면 됩니다.

제9장

공매입찰

공매입찰

위기를 기회로 만드는 세관공매

반송품 구별법

공매입찰

앞에서도 설명했듯이 세관공매 물품 보기와 전자입찰 참여하기는 앞서 제3장 세관공매 물품 보기와 제4장 상이군경회 물품 보기, 제6장 세관공매 전자입찰과 제7장 상이군경회 공매 전자입찰을 참조하시면 됩니다. 자세한 내용과 화면은 해당 페이지를 참조하시고 여기서는 간단히 순서만 말씀드리겠으니 반드시 컴퓨터에서 다시 한 번 따라해 봐야 눈에 쉽게 익힐 수 있습니다.

공매 예정가격은 2회 입찰 때부터 체감하는데, 1주일에 1회씩 진행되어 10% 금액씩 떨어져 체화공매에서는 50%까지 체감되며, 이때 낙찰되지 않은 물품들은 국고로 귀속되어 상이군경회에서 낙찰될 때까지 재공매에 재공매가 이루어진다는 거 기억하고 계시죠. 그리고 체화공매에서는 별도의 수의계약기간이 있지만, 상이군경회에서는 낙찰될 때까지 재공매가 이루어지기 때문에 별도의 수의계약기간이 없다는 것도 알고 계시죠.

세관공매 물품은 UNI-PASS 시스템에 접속한 뒤 상단메뉴 중 업무처리 – 체화공매전자입찰을 차례대로 클릭한 뒤 좌측 메뉴 중 체화공매전자입찰 – 최근공고 – 입찰공고상세정보에서 첨부파일을 다운로드 받으면 그것이 일반목록이 되고, 공매일정 아래 여행자휴대품보기와 수입화물보기를 클릭하면 그것이 전자목록이 됩니다.

상이군경회 물품은 상이군경회 유통사업단 홈페이지에 접속한 후 상단 메뉴 중 입찰공고를 클릭하면 긴급공고와 일반 공고를 확인할 수 있고, 공고명 중 하나를 클릭하면 공매일정과 유의사항 등이 나와 있습니다. 그 화면의 하단에 공매목록 프린트를 클릭하면 공매로 나온 물건들을 확인할 수 있는데, 이는 일반목록이고, 입찰공고 화면에서 공고일자의 물품보기를 클릭하면 전자목록을 확인할 수 있습니다.

세관 전자입찰은 평소 자신이 관심 있어 하는 품목 중 응찰을 해야 하겠다는 품목을 선택한 후 입찰버튼 클릭 후 입찰유의사항과 공매조건 확인 후 동의버튼을 클릭하면 됩니다. 입찰금액을 입력하면 자동으로 입찰보증금 10%가 생성되는데, 자동 생성된 금액 이상 보증금을 납부 후 입찰버튼을 클릭하면 입찰보증금 PG서비스가 실행됩니다.

출금은행, 계좌번호 및 환불계좌 등을 확인하고, 공인인증서에 비밀번호 입력 후 확인버튼을 누른 후 UNI-PASS 사이트에 등록한 은행계좌에서 인터넷뱅킹으로 자동이체 하여 입찰보증금을 납부하면 됩니다. 그 후 입찰서를 제출하고, 입찰내역을 확인한 후 개찰결과를 확인하고 잔금을 납부하면 됩니다.

상이군경회 전자입찰은 입찰할 제품을 선택한 후 입찰신청 버튼을 클릭하고, 입찰금액과 입찰보증금 10% 금액을 기입한 후 입찰서 작성완료 버튼을 클릭하면 됩니다. 이후 동의사항들을 체크한 다음 입찰보증금 입금 후 보증금확인 버튼, 입금확인 버튼을 클릭, 입찰서 제출하기 버튼을 누르면 입찰서 제출이 완료되고, 개찰결과를 확인하면 됩니다.

세관공매에 입찰을 할 때 유의해야 할 것은 낙찰받고자 하는 물품의 가격이 부담스러운 경우 반드시 창고에 가서 물품을 확인해야 하고, 가격이 낮은 물품은 해당 사이트나 킹옥션 사이트의 물품사진으로 대체해도 됩니다. 가격이 높은 경우 물품을 확인하지 않고 공매목록상 물품과 다르거나 물품에 품질문제가 있어 공매 낙찰을 취소할 경우 부정당업자로 지정되어 제제의 사유가 됩니다.

이처럼 낙찰자가 공매대금 잔액을 미납하거나 특별한 사유 없이 공매조건을 이행하지 않을 경우 부정당업자로 지정되어 이후 당해 물품의 공매 참가자격이 제한될 수 있습니다. 전자입찰에서 자주 발생하는 실수로는 입찰보증금만 납부하고 입찰서를 제출하지 않아 유찰되는 경우와 공매 예정가격이나 차기 공매 예정가격을 잘못 계산해 보증금이 부족한 경우이며, 세관공매로 낙찰받은 물품은 일반적으로 부가가치세를 공제받을 수 없습니다.

공매 낙찰이 취소되는 사례로는 낙찰자가 지정된 기일까지 대금 잔액을 입금하지 않은 경우, 낙찰자가 특별한 사유 없이 공매조건을 이행하지 않는 경우, 공매 낙찰 전에 당해 물품이 수출, 반송 또는 수입신고가 수리된 경우, 착오로 인해 예정가격이나 공매조건 등의 결정에 중대하고 명백한 하자가 있는 경우가 있습니다.

공매 낙찰에서 계약을 체결하지 않거나 이행하지 않는 입찰자는 6개월 동안 입찰이 제한되는데, 국가를 당사자로 하는 계약에 관한 법률 제7조, 시행규칙 제76조 제1항에 의거, 입찰자격을 제한하고, 2년의 범위 내에서 제재할 수 있다는 근거법령이 있으니 참조해서 신중히 입찰에 응하시기 바랍니다.

공매물품은 수입화주 또는 여행자가 외국에서 반입한 물품을 수입통관 또는 반송을 하지 않아 강제로 매각하여 국가의 조세 채권을 확보하고, 잔금은 수입화주 또는 여행자에게 지급하는 것으로, 대부분 반입 후 장기 보관된 물품입니다. 공매 예정가격은 물품가격에 관세를 부과하여 정해진 가격으로, 관세율이 동일해도 상품의 질과 관계없이 가격이 상이할 수 있습니다. 공매 낙찰시 물품의 수입통관과 관련된 법령 준수사항 등 공매조건을 반드시 확인한 후 해당 요건을 구비한 뒤 입찰에 응해야 합니다.

낙찰과 관련된 질문사항으로는 공매로 낙찰받은 물품을 별도 수입신고해야 하는지 묻는 분들이 계신데, 제4장 체화공매 중 체화공매 전자입찰시스템에서 말씀드렸듯이 공매로 낙찰받은 물건은 수입신고의 의제에 해당되어 따로 수입신고할 필요가 없습니다. 자세한 내용은 체화공매 전자입찰시스템 페이지를 참조하시기 바랍니다.

공매로 낙찰받은 물품을 반출할 때는 공매 낙찰받기 이전의 보관료나 컨테이너 사용료 등 비용은 지급할 의무가 없지만, 공매로 낙찰받은 뒤 반출승인 이후에 발생하는 보관료, 공매조건 및 공매반출에 소요되는 비용은 지급해야 합니다. 체화공매에서 유찰된 물품은 국고로 귀속되거나 폐기 결정되며, 국고로 귀속된 물품은 상이군경회에서 위탁 판매하게 됩니다.

위기를 기회로 만드는 세관공매

세관공매를 강의하면서 사람들이 가장 많이 받는 질문이 어떻게 하면 세관공매를 잘 배울 수 있느냐가 아니라 어떻게 하면 세관공매를 빨리 배울 수 있느냐와 어떻게 하면 돈을 많이 벌 수 있느냐 입니다. 이 질문 둘을 합치면 어떻게 하면 빨리 돈을 많이 벌 수 있느냐 하는 말이 됩니다. 세관공매를 어떻게 공부해야 제대로 잘 배울 수 있느냐 질문하시는 분은 얼마 되시지 않더라구요. 세관공매를 빨리 배우고 돈을 많이 벌 수 있는 방법도 있지만, 제대로 잘 배워두셔야 나중에 세관공매 실전에 들어갔을 때, 판매처를 개척할 때 보다 더 쉽게 문제를 해결해 갈 수 있습니다.

또 하나, 요즘에 세관공매를 배우는 분들이 너무 많아지지 않았느냐, 그러면 나는 뒤늦게 세관공매를 알고 배우기 시작해 불리한 게 아니냐 생각하시는 분들도 계시다는 걸 알고 있습니다. 하지만 걱정하시지 않아도 되는 게 대한민국 전 국민이 모두 세관공매를 공부한다고 해도 문제가 되지 않습니다. 중요한 것은 세관공매를 아무리 많은 사람들이 배운다 하더라도 공매물품을 보는 눈과 문제를 풀어가는 능력이나 구력이 없으면 돈이 되는 물건을 잡아낼 수 없기 때문입니다.

아무리 많은 공매물품들이 쏟아져 나와도, 몇 백만원, 몇 천만원대의 물건들이 쏟아져 나와도, 물품을 정확하게 분석하고 높은 가격에 함부로 뛰어들지 않고 차분히 기다리면서 물건을 판매할 수 있는 곳을 찾을 수 있는 여유가 생긴 사람과 그렇지 않은 사람은 분명 다르기 때문에, 세관공매를 어떻게 얼마나 배우느냐에 따라 그 희비가 엇갈릴 수도 있습니다.

처음부터 너무 큰 욕심을 부리지 않고 세관공매를 배워가며 작은 금액대의 물건을 낙찰받아 판매해 보는 경험을 길러가는 것이 좋습니다. 이러한 경험들이 더해져 나중에 세관공매의 구력이 붙는다면 2,3천만원대의 공매에도 도전할 수 있고, 몇 십만원이나 몇 백만원에 낙찰받은 물건으로 작게는 열 배에서 많게는 수십 배의 가격으로 판매할 수 있는 실력이 생길 수도 있으니, 차분하고 꼼꼼하게 공부를 하시는 게 좋습니다.

그리고 무엇보다 중요한 것은 이 책을 통해 세관공매를 모두 알았다고 착각하시면 안 됩니다. 이 책은 세관공매에 대한 정보를 접하신 분들이

나 공부를 준비하시는 여러분들에게 보다 알기 쉽게 대화하듯이 이야기로 풀어놓은 책으로, 세관공매 전체에 비교한다면 빙산의 일각 정도밖에 되지 않습니다. 또한, 책이 활자로 인쇄돼 버리기 때문에 소개하지 못하는 사례들도 너무나도 많습니다.

따라서 이 책을 읽고 나서 함부로 세관공매를 시작하면 낭패를 보기 쉽습니다. 이 책은 여러분들이 세관공매가 어떤 것이구나, 어떤 식으로 흘러가고, 어떤 때에는 어떻게 풀어가는 방법도 있구나 하는 식으로 세관공매에 대한 감을 익히고, 머릿속으로 세관공매를 그림으로 그려보는 연습을 한다면 세관공매를 훨씬 잘 배워갈 수 있으리라는 생각으로 발간한 책입니다. 너무 급하면 체한다고 하듯이 꼼꼼히 세관공매를 배워가는 것이 좋습니다.

이 책을 내는 이유 중에 세관공매를 배우려고 하는 분들을 위한 입문서로써의 역할도 있지만, 세관공매를 공부하고 계신 분들이 기초과정의 내용을 잊어버렸을 때, 공부를 처음 시작했을 때의 마음을 되새길 수 있는 지침서가 될 수 있도록 안내하는 역할도 또 다른 한 가지 이유입니다.

여러분들의 눈에는 처음에 국고에 있던 물건이 안 보이다가 아주 조금 보일 수도 있고, 체화공매에 있는 물건이 지금도 안 보일 수 있습니다. 하지만 시간이 갈수록 세관이나 상이군경회의 물건을 보다 보면 눈에 들어오는 물건들이 많아지므로 물건을 보는 습관은 항상 몸에 길들여져 있어야 합니다.

여기에서 반드시 구분하고 암기하고 있어야 할 것은 세관공매와 상이군경회 공매가 확실히 다르다는 겁니다. 주체가 틀리다는 것 이외에도 시스템이나 내용 자체도 완전히 틀립니다. 세관공매는 체화공매 또는 장치기간 경과화물이라고도 하는데, 이 물건들이 유찰되면 국고로 귀속되어 상이군경회에서 공매로 진행되게 되는데, 이 두 가지가 전혀 다른 세계에서 살고 있다고 보시면 됩니다.

여기에는 100% 정해진 틀이 없어 공매를 하는 사람에게 어렵게 보일 수도 있고, 자유롭게 판매 한다는 점에서 앞으로도 수익을 낼 수밖에 없는 부분이 꼭 숨어 있다는 것입니다. 그리고 그 속에는 많은 변수들이 존재합니다. 위기가 곧 기회라는 말이 있듯이 세관공매에서는 그 변수들이 곧 수익으로 발전할 수 있는 계기가 되기 때문에 말도 안 되는 허점과 물건들이 나에게 수익이 될 수 있습니다.

그렇기 때문에 위기를 기회로 만들기 위해서는 세관공매가 어떤 것이라는 개념을 바로 정립해야 하는데, 제가 볼 때에는 세관공매는 물건들의 허점을 파악해서 수익을 극대화시키는 방법을 찾아가는 거라고 봅니다. 처음에 이 상품이 얼마나 수익을 낼 수 있을까? 거기에 끊임없이 도전하는 방법을 찾아가는 겁니다.

예전에 지퍼 220만 개가 2건으로 나눠져 110만 개씩 최초 예정가격 2억원대에 올라왔다가 계속 유찰되어 4천만원에서 2천만원대로 떨어지고 있었습니다. 이 지퍼에는 점퍼에 달리는 지퍼도 있었고, 청바지에 달리는 지퍼도 있었는데, 그 종류가 참 다양했습니다. 지퍼가 부피는 작지만 무게가 어느 정도 나가기 때문에 100만 개가 넘는 양은 상당했습니다.

이 물건이 각각 2,500만원으로 내려갈 때에 공매를 하시는 분들도 참 애매해지는 상황이 발생합니다. 이럴 때에는 둘 다 낙찰을 보거나 둘 다 놓치는 게 좋습니다. 공매에 나온 물건이 한두 개라면 모를까 백만 개 단위로 시장에 풀린다는 건 그 시장을 잡고 흔든다고 해도 무방한 겁니다.

지퍼나 단추 같은 물품은 의류 부자재로 판매하기 상당히 쉬운 제품으로, 옷은 때에 따라 유행이 빨리 지나기 때문에 유행이 지난 제품들은 판매에 어려움을 겪지만, 지퍼는 옷에 들어가는 부자재로 옷과는 달리 유행을 타지 않고, 아무리 수량이 많아도 시장에서 대량으로 구매하는 경우가 많습니다.

이와 같은 경우로 노트북과 노트북에 연결하는 어댑터가 있는데, 노트북은 유행을 타기 때문에 시간이 지나면 가격이 많이 떨어지지만, 어댑터는 유행이 지나도 가격에는 변함이 없습니다. 심지어 어댑터는 다른 제품에 연결해서 사용할 수도 있습니다.

마찬가지로 옷은 유행이 지나거나 계절이 지나버리면 가격이 떨어져 판매가 어렵지만, 지퍼는 유행이 지나도 똑같기 때문에 지퍼와 같이 부자재성 물품들은 투자 가치나 현금성이 대단히 좋은 편입니다. 그래서 일반인들은 공매에 아디다스 옷이 나오면 좋아하지만, 공매를 배우시는 분들은 이런 물품들보다는 지퍼나 단추 같은 물품에 관심을 갖게 되어 많은 도움을 볼 수 있고, 입찰에서도 경쟁이 낮기 때문에 편안히 낙찰을 받을 수 있습니다.

공매를 처음 시작할 때는 낙찰받을 물건의 금액이 십만원이나 백만원도 큰돈이지만, 공매에 어느 정도 경험을 쌓게 되면 단위가 백만원이나 천만원대의 단위로 조금 올라갈 수도 있습니다. 하지만, 이때에는 반드시 여러분들이 심사숙고한 다음에 참여해야 한다는 것을 잊지 마시기 바랍니다.

앞으로 이런 공매물건이 나올 때에는 공매 입찰에 참여하되, 나눠서 넣으시기 바랍니다. 저 같은 경우, 하나를 2,150만원에, 다른 하나를 2,350만원에 입찰해서 수의계약으로 들어갔거든요. 이럴 때 상대방도 세관공매를 많이 하신 분이라면 하한가를 써 내는 것이 아니라 어느 정도

가격선에서 시작해 상한가보다 낮은 금액에 접근하기 때문에 입찰금액에 신경을 많이 쓰셔야 합니다.

이 지퍼 같은 경우 하나당 20원 꼴로, 장지퍼 같은 경우 1,000원이 넘고 1,000원 이하의 제품들도 많습니다. 지퍼 같은 경우 마진이 많이 차이 나는 것이 아니라 인치 수에 따라 가격대가 아주 조밀하게 형성되는데, 시기만 잘 조절한다면 투자의 대상으로 생각해도 무방할 만큼 괜찮은 물건이기도 합니다.

하여튼 이 공매에서 상대방이 중간 가격으로 둘 다 들어온다면 하나는 빼앗기게 되지만, 제가 적은 상한가 이상으로 들어오지 않는다는 확신이 있었습니다. 개찰을 했는데, 2,150만원을 적어 넣은 물건은 떨어지고, 2,350만원을 적어 넣은 물건은 낙찰을 받았습니다. 문제는 이 다음부터가 중요한데, 제가 하나만 낙찰받고, 상대방도 하나만 낙찰받았기 때문에 서로가 지퍼 110만 개를 낙찰받았다는 사실을 알고 있는 겁니다.

이때 각각 110만 개를 가진 사람들이 어떻게 하는지 행동을 잘 하셔야 합니다. 지퍼를 낙찰받은 상대방이 급하니까 먼저 한 개당 25~30원꼴로 시장에 덤핑으로 전부 풀어버린 겁니다. 같은 물건을 가지고 있는 사람이 있으니까 이익이 적게 남더라도 빨리 처분해서 손실을 미연에 막자는 생각이었겠죠.

저는 그때까지도 영업을 하나도 하지 않고 그 물건을 그대로 잡고 있는 상태로 1년이라는 시간을 흘려보냈습니다. 그 1년 동안 샘플을 시장에 하나도 풀지도 않았는데, 지퍼는 유행도 안 타고, 제품에 손상이 가거나 하지 않더라구요. 1년이 지나니까 어떤 현상이 벌어졌냐면 1년 전에 풀린 110만 개의 지퍼로 만든 옷이 유행이 되어 상대방이 풀었던 물건이 바닥 날 즈음에 제가 가지고 있는 물건이 풀리다 보니 자연스럽게 오더로 연결되다 보니까 싼 물건은 최소 40원에서 60원 정도로, 제가 낙찰받은 금액의 최소 두세 배 이상으로 판매할 수 있었습니다.

이와 같이 낙찰을 받은 물건을 동시에 판매하게 될 경우 절대 같은 시기에 판매하지 말고, 조금 더 여유를 가지고 기다려야 합니다. 지퍼와 같이 일정 기간 동안 쓴 물건은 반드시 쓰게 돼 있기 때문에 먼저 판매한 사람보다 수월하게 물건을 팔 수 있고, 보다 높은 가격으로 판매할 수 있습니다. 물론 재정적으로 여유가 없는 분들에게 이 시간이 힘들 수도 있다는 건 알고 있습니다. 그래서 이런 분들은 같은 물건이 공매에 같이 나왔을 때는 둘 다 낙찰되거나 둘 다 떨어지는 것이 좋다고 말씀드린 겁니다.

다시 한 번 더 정리하자면 세관공매는 반드시 가격대로 접근을 하셔야 합니다. 지퍼의 경우처럼, 자신들이 판매할 시점을 놓쳐 버릴까봐 하나당 22원에 낙찰받은 지퍼를 25원이나 30원에 덤핑 판매하면 일주일에 300만원이나 700만원을 벌 수 있으니까 많이 번 돈일 수도 있습니다. 하지만 세관공매를 하시는 분들은 그렇게 해서는 안 됩니다.

본인의 수익을 위해서가 아니라, 본인이 가지고 있는 제품의 가격을 평가해서 받을 수 있는 만큼의 가격대에서 판매할 수 있어야 합니다. 제품이 가지고 있는 가치를 함부로 무시하고, 함부로 판매하는 방법은 굳이 세관공매를 배우지 않아도 판매할 수 있는 방법입니다. 그럼에도 불구하고 여러분들이 세관공매를 배우는 이유는 다양한 방법을 통해 새로운 세계를 경험하는 것입니다. 낙찰받은 물건을 빨리 판매하는 것도 좋지만, 제대로 된 제품가격을 받을 수 있도록 노력하는 것이 세관공매를 공부하는 기본이 돼야 합니다.

초보자들은 조급한 나머지 시장에 물건을 같이 풀어버리는 경우가 있는데, 상대방이 한 개당 25원에 물건을 판매하니까 물건가격을 낮춰 24원에 판매하게 되고, 상대방은 다시 23원으로 가격을 낮추고, 다시 물건가격에 경쟁이 붙어 내려가게 되면서 다 같이 죽는 경우가 생겨날 때도 있습니다. 그럴 바에는 차라리 처음부터 가격을 낮춰 시장을 장악해 버리는 것도 방법이고, 같이 공생하는 방법도 그 중 하나로 선택할 수 있습니다.

세관공매에서 입찰을 보고 난 뒤에 무모한 경쟁으로 대처해서는 안 됩니다. 세관공매에서 동시에 물건이 공매에 나오는 경우도 있지만, 일정한 흐름을 주시할 필요가 있습니다. 가령, 어떤 회사가 망해서 그 물건들이 세관에 들어오게 되면 3월, 5월, 7월 이런 식으로 3번 정도 공매에 물건들이 순차적으로 나올 수가 있고, 대행해서 들어오는 경우도 있습니다.

침구류 회사가 망해서 그 물건들이 공매에 들어와 낙찰받았다고 해서 안심하고 있으면 안 됩니다. 이번에 낙찰받은 물건 이외의 물건들이 언제 또 다시 공매에 나오는지 확인해야 합니다. 낙찰받았다고 공매에는 신경 안 쓰고 작업하고 있다가 다음 물건들이 공매에 낙찰돼 시장에 먼저 풀리게 되면 어려움을 겪을 수 있기 때문에 물건의 흐름을 잘 보며 언제 들어오고 나가는지 확인해야 합니다.

♔

반송품 구별법

반송품은 세관에서 별도로 반송품이라고 표기하지 않지만, 반송품이라는 것은 사진을 보시면 쉽게 파악할 수 있습니다. 제품이나 제품이 들어있는 박스를 보면 'Made in U.S.A'나 'Made in China' 라고 원산지가 표기돼 있는데, 대외무역법에 의해 원산지 표시가 반드시 돼 있어야 공항이나 항만에서 통관이 이루어질 수 있습니다. 반대로, 우리나라 제품이 외국에 수출될 때에도 항상 'Made in Korea'라고 표기를 해야 합니다. 그렇기에 제품을 직접 보거나 제품의 사진을 통해 보면 원산지를 알 수 있습니다.

하지만 수입화물 진행정보에서는 그 제품이 반송품이라는 사실을 알 수 없습니다. 왜냐하면, 우리나라 제품이 수출했다가 반송되면 수입화물 진행정보에는 그 제품이 반송된 나라의 공항이나 항만이 있는 지역이 나오는 것이지, 이 제품이 'Made in Korea'제품으로 언제 어디서 반송된 제품이라는 것을 친절하게 알려주지는 않거든요. 그래서 수입화물 진행 정보로 판독하려 했다가는 오히려 수렁에 빠지기 쉽기 때문에 제품이 찍혀 있는 사진으로 판독하시기 바랍니다.

또 한 가지, 제품의 가격이 상식적인 선에서 벗어나 너무 높게 책정된 제품을 의심해 봐야 합니다. 본래 100원짜리 제품이 500원이나 1,000원에 판매된다면 너무 비싸기 때문에 사려고 하지 않겠죠. 반송품은 본래 가격에 'Made in Korea'라는 마진이 붙어 수출되었다가 반송된 운송료에 보관료까지 포함이 되기 때문에 가격이 일반 제품에 비해 높게 책정될 수밖에 없겠죠.

체화공매에서는 가격이 비교적 높게 책정되는 몰수품이 공매로 나올 수 없으므로 제품의 가격이 높게 책정된 제품이라면 수입화물 진행정보에서 부분 반출이 있었는지 확인해 보면 이 물건이 반송품인지 아닌지를 확인할 수 있습니다. 그리고 사진에 나와 있는 제품의 모델이나 공장 등의 정보를 인터넷으로 검색해 보면 그 제품이 수출했다가 반송된 제품인지 아닌지도 알 수 있습니다.

관세법에 의하면, 반송품이 본래 제품에는 원산지 표시를 안 하고 제품 박스에 원산지를 표시를 한 채 수출했다가 반송된 경우에는 원산지

표시를 할 필요가 없습니다. 실제로 가발 같은 경우, 11만 개가 원산지 표시가 안 돼 있는데 이 물건은 외국으로 수출했다가 반송된 우리나라 제품으로, 이러한 경우 원산지 표시 의무사항 면제라고 명시돼 있습니다. 수출뿐만 아니라 전시용, 샘플용, 연구를 목적으로 보냈다가 들어오는 국산제품 역시 원산지를 표시할 필요가 없다고 관세법에 명확히 나와 있습니다.

그럼에도 나중에 세관 담당자들이 원산지 표시를 해라고 하는 경우가 있을 수 있는데, 이 경우 이분들이 이러한 세세한 사항까지는 모를 수 있기 때문에 여러분들이 관세법 조항을 차근차근 설명해주면서 원산지 표시를 안 해도 된다고 말씀해 주시기 바랍니다. 이런 경우가 공매목록에 보면 실제로는 제품이 국산인데도 외국에 갔다가 온 제품이라서 원산지 표시가 공매조건으로 나와 있는데, 그럴 경우 국산제품이라고 이야기를 하고 원산지 표시를 면제받으시면 됩니다.

제10장

낙찰 후 출고 및 판매

낙찰 후 출고 및 판매

세관공매 사업자 등록절차

상이군경회 사업자 등록절차

낙찰 후 출고 및 판매

이러한 일련의 과정을 거쳐서 낙찰을 받으면 체화공매 때에는 낙찰자에게 창고보관료가 부과되는데, 상이군경회 공매에서는 국고 창고이기 때문에 창고보관료가 없으므로 이를 잘 이용하는 것도 한 가지 방법이 될 수 있습니다. 체화공매에서는 컨테이너에 들어 있던 1.7리터짜리 전기 무선주전자인 경우 창고보관료가 하루당 7만원씩 발생하는데, 10일이면 70만원이 부과되므로 체화에서는 가급적 빨리 물건을 처리하는 것이 좋습니다.

창고보관료는 CBM(Cubic Meter) 단위로 부과하는데, 이는 가로, 세로, 높이가 각 1미터인 부피를 환산하는 단위(1CBM)입니다. 컨테이너 적재능력은 중량과 부피를 기준으로 하는데, 중량은 ton이나 kg, 부피는 CBM으로 표시합니다. CBM 단위는 용적률을 우선시하기 때문에 가격이 높은 편으로, 내가 낙찰받은 물건이 부피가 크다면 빨리 처분해야 합니다. 그리고 1일 창고보관료가 얼마인지 확인하고, 물건을 출고할 때 창고보관료를 반드시 정산해야 합니다.

국고 창고의 보관기간은 1개월로, 그 이상 보관할 수 없게끔 되어 있고, 체화에서는 보세창고 창고보관료 정산이 끝나게 되면 출고 절차를 밟게 됩니다 그리고 국고창고에서 출고 절차에 있어 낙찰을 받은 사람이 시간적인 제약을 받느냐 받지 않느냐에 따라 달라집니다. 시간적인 제약을 받는 사람은 일일이 현지 창고까지 갈 여력이 없기 때문에 위임장과 인감을 보내서 출고를 하게 됩니다. 출고할 물건들은 입찰에서 보증금을 넣고 낙찰을 받았기 때문에 낙찰받은 지 1주일 안에 잔금을 입금한 후 출고 전에 공매조건이 이행이 됐는지 안 됐는지 창고 담당자에게 확인을 받아야 합니다.

낙찰받은 물건을 출고해서 창고에 보관할 때에 여러분들이 잘 판단해야 하는 게 있습니다. 가령, 낙찰자가 의류를 낙찰받았다고 한다면 낙찰을 받기 전에 미리 판로를 개척해 놓고 판매전략을 세워놓아야 하는데, 저 같은 경우에는 판로를 이미 정해놨다 하더라도 낙찰받은 의류를 바로 판매하지 않습니다. 500만원에 낙찰받은 물건을 550만원이나 600만원에 팔아 24시간 안에 현금화할 수 있는 곳을 판로로 잡았다 하더라도 그 가격에 물건을 판매하느냐? 그건 아니라는 거죠.

이 물건은 600만원짜리를 500만원에 낙찰받은 것이 아니라, 최소 1천만원, 2천만원, 3천만원 이상의 물건을 세관공매를 통해 저렴하게 500만원에 낙찰받은 겁니다. 여러분은 이 물건의 끝이 어딘지 보셔야 하는데, 이것은 본인의 경험과 훈련에 달려 있는 것 같습니다. 그 이상 판매할 수 있는 방법을 강구해 영업을 해야 합니다. 물건을 낙찰받아 출고하는 과정에서는 생각을 다각도로 하고, 적어도 몇 가지 방법에서 수십 가지 방법을 찾아놓고 있어야 합니다.

최악의 경우 고철로 판매하는 한이 있더라도 판로는 개척해 둬야 합니다. 여러분이 지금 이 책을 읽는 것도 세관공매의 개념을 이해하고, 세관공매가 이런 것이구나 알게 되는 것도 있지만, 어떤 문제가 발생했을 때 어떤 식으로 대처해야 하는지 방법을 같이 알아야하기 때문입니다.

원래 2천만원이었던 이 물건을 500만원에 낙찰받았는데, 이때 화주의 마음을 보셔야 합니다. 화주가 외국에서 물건을 2천만원에 수입해 우리나라에 2천만원에 판매할 리 만무하지 않습니까? 최소한 3천만원, 4천만원, 심지어 5천만원 이상에 판매하려고 이 물건을 수입하지 않았겠습니까? 하물며, 500만원에 낙찰을 받아 550만원이나 600만원에 판매한다는 것은 세관공매에 대한 이해가 아직 부족하다는 반증이기도 합니다. 물론, 초보자 때에는 본인이 직접 낙찰받아 판매까지 자신의 힘으로 한다는 것이 좋은 경험이기도 하지요.

세관공매 낙찰시점에서 안정적이라고 보는 평이한 때는 관세와 부가세를 포함해 1억의 물건이 공매로 나와서 체화에서 5천만원으로 떨어지고, 국고로 가서 2,500만원, 그리고 1,250만원으로 재공매에 의해 가격이 떨어지는 시점입니다. 체화공매에서 한 번 떨어지고, 국고에서 한 번 떨어진 다음, 다시 한 번 떨어졌을 때 흔히 최적화된 유찰공식이라고 합니다. 2,500만원에서 잡으면 두 배가 되고, 1,250만원에서 잡으면 네 배가 됩니다. 물론 더 유찰되어지는 물품들도 많고 체화에서 끝나는 물품들도 많이 있습니다.

보다 나은 수익성을 고려한 물품을 낙찰 받고자 할 때는 전문적인 상품분석과 시장분석이 필요하고 철저한 판매방식과 판매처를 조사하는 공부도 해야 합니다. 그래야 정확한 입찰 시점과 성공적인 낙찰, 고수익의 판매까지 진행할 수 있습니다. 혼자 세관공매 공부에 어려움을 느끼신다면 한국세관공매학원에서 수업을 들으시면 많은 도움이 되실 겁니다.

♕ 세관공매 사업자 등록절차

앞서 여러분들은 세관공매와 상이군경회 공매에서 물품 확인하는 방법과 입찰하는 방법을 보셨을 겁니다. 그런데 그냥 책으로 읽는 것과 실제 하는 과정에서 일어나는 차이점을 확인하실 수 있을 겁니다. 그럴 때는 당황하시지 마시고, 세관이나 상이군경회에 연락해서 자세히 문의하시면 됩니다. 컴퓨터의 사양이나 보안문제 때문에 그럴 수 있고, 절차상 빠져있는 문제로 인해 그럴 수 있습니다.

세관공매 사업자로 등록하기 위해서는 먼저 사업자등록을 하셔야 하는데, 신분증과 등본을 발급받은 후 세무서로 가서 신고하면 됩니다. 이때 사업장 주소는 자신의 집이라든지 자신의 명의로 할 수 있는 주소지를 선택하면 아무런 문제가 없습니다. 그런 다음 앞서 설명 드린 대로 세관 UNI-PASS 시스템에서 사업자로 회원등록을 하시면 됩니다.

모든 절차가 끝나면 이것으로 다 마무리가 되었느냐, 아닙니다. 세관 UNI-PASS 사이트는 상이군경회과는 달리 공인인증서를 발급해야 하는데, 흔히 사용하는 개인용 인터넷뱅킹 공인인증서로는 사용이 불가능합니다. 금융 및 은행권에서 발급하는 기업용 인터넷뱅킹 공인인증서(4,400원)나 세관에서 사용하는 공인인증서(55,000원), 공인인증서 기관에서 발급하는 공인인증서(110,000원)가 있는데, 다만, 보편적으로 많이 사용하는 은행에서 발급하는 인터넷뱅킹 공인인증서(4,400원)는 전자세금계산서로는 사용이 불가능하지만, 사이트를 이용하거나 물품 검색, 입찰에 참여하는 데에는 아무런 문제가 없습니다.

공인인증서를 발급받기 위해서는 사업자등록번호와 납세번호를 은행 직원에게 알려주고 통장을 새로 발급받거나 자주 사용하던 통장을 사업자용 통장으로 전환해야 합니다. 이때, 납세번호는 개인의 주민등록번호나 사업자등록번호이니 별도로 문서를 발급할 필요는 없습니다.

또 한 가지, 기존의 통장을 사업자용 통장으로 전환할 때 이미 사용하고 있던 개인용 공인인증서가 유료(4,400원)인 경우, 이 인증서로는 입찰에 참여할 수 없고, 따로 기업용 공인인증서(4,400원)을 발급받으셔야 합니다. 기존에 발급받은 공인인증서는 발급 후 7일 이내에 환급받을 수 있지만, 통장을 사업자용으로 전환한 후에는 절차가 복잡하니 은행직원에게 개인 인터넷뱅킹 해지 전에 인증서 폐기 및 환급을 해 달라고 요청하셔야 합니다.

그런 다음 해당 은행사이트에 사업자 및 기업용으로 회원가입을 다시 한 후에 OTP(One Time Password)번호를 입력한 후 인증서를 발급받아 세관 UNI-PASS 사이트에 공인인증서 등록을 마쳐야 합니다. 이 내용은 앞서 UNI-PASS 사이트 사진으로 설명드린 페이지를 참조하시기 바랍니다.

그런 다음 특정메뉴 사용에 문제가 있어 메뉴 접근이 불가능하다면 좌측 상단 로그인 하단에 있는 사용자관리에 들어가서 서비스종류를 확인하고, 그래도 접근이 불가능하다면 세관에 전화해서 도움을 받거나 원격으로 컴퓨터의 문제를 해결 받으면 됩니다.

👑 상이군경회 사업자 등록절차

세관 UNI-PASS 사이트와 마찬가지로 상이군경회에서도 앞으로 공매를 하고 싶은 분들은 회원가입 절차를 거쳐야 합니다. 먼저, 검색창에서 상이군경회을 친 다음 사이트 중간에 있는 유통사업단을 클릭해서 들어가거나 검색 후 공단 사이트 아래에 있는 세관위탁물품 판매장을 통해 들어가면 됩니다.

이때 관할 세무서에서 개인이나 법인 사업자등록을 마친 다음 한국신용평가에 사용자등록증 사본을 이메일(callcenter@nice.co.kr)이나 팩스로 전송 후 등록된 사실을 확인 후에야 상이군경회의 회원가입 절차가 사실상 다 끝나게 됩니다.

온라인상의 절차로 모든 것이 끝나는 것이 아니라 상이군경회 사이트

회원가입 후 상이군경회 유통사업단에 구비 서류를 제출해야 하는데, 본인이 직접 제출하거나 팩스나 전화, 우편, 이메일 등을 통해 회원인증 번호를 수령해야 합니다. 자세한 내용은 해당 사이트에서 입찰공고 바로가기 – 회원등록 안내를 클릭한 후 내용을 참조하면 됩니다.

▶ 절차

1. 유통사업단 홈페이지 http://www.bohunshop.or.kr 회원가입
2. 당사업단에 구비 서류제출
3. 본인 직접 수령 또는 팩스,전화,우편,E-mail 등을 통한 회원 인증번호 수령

▶ 방문시 구비서류

1. 대표자 본인 방문시
- 사업자등록증명원 1부
- 자격서류(해당자만. 하단 자격서류 부분 참고) 사본 1부
- 신분증

2. 대리인 방문시
- 사업자등록증명원 1부
- 대표자 인감증명 (법인은 법인 인감증명) 또는 본인서명사실확인서 1부
- 자격서류(해당자만, 하단 자격서류 부분 참고) 사본 1부
- 등록서류제출 위임시 위임장 및 위임받은자 신분증

입찰권한의 위임내용

(주)OOOOOOO 대표자 홍판서는 위임받는자에게 한국보훈복지의료공단 유통사업단
세관위탁물품 전자입찰에 관한 회원등록 권한을 위임합니다.

위임하는자 : 홍판서 (주민등록번호) 인
위임받는자 : 홍길동 (주민등록번호) 인

※ 인감증명서에 등록된 인감도장 날인 또는 본인서명사실확인서의 싸인

▶ 우편 발송시 구비서류

- 사업자등록증명원 1부
- 자격서류(해당자만, 하단 자격서류 부분 참고) 사본 1부
- 대표자 인감증명 (법인은 법인 인감증명) 또는 본인서명사실확인서 1부
- 각서 원본 1부

각서내용

회원인증번호를 본인 직접 수령이 아닌 팩스,전화,우편,E-mail 등을 통한 수령시
분실 및 타인사용으로 인한 피해에 대하여 본인이 책임지겠습니다

업체명 : (주)OOOOOOO
대표자 : 홍판서 (주민등록번호) 인

※ 인감증명서에 등록된 인감도장 날인 또는 본인서명사실확인서의 싸인

- 보낼곳(반드시 등기우편 또는 택배로 발송)
서울특별시 강남구 학동로4길 15
한국보훈복지의료공단 유통사업단 입찰담당자앞

▶ 자격서류

1. 일반물품 : 사업자등록증명원(각 항 공통)
2. 약사법대상 : 약사자격증, 의사자격증, 의약품제조업체, 의료용구제조 업체, 의료용구수입업체 중 해당 자격증
3. 농수산물 : 영업신고증
4. 유해물질 : 유독물 취급허가증
5. 주류 : 주류판매업허가증
6. 유류 : 유류판매업허가증
7. 기타 자격서류

제11장

세관공매 정리와 마음가짐

세관공매 정리와 마음가짐

　실제적인 트레이닝은 세관공매 UNI-PASS 사이트와 상이군경회에 가입하여 입찰을 진행해 보시면 됩니다. 가입과 물건 보는 방법, 입찰방법은 이 책에서도 설명이 되어 있지만 보다 자세한 내용이 궁금하신 분은 해당 사이트의 안내 전화로 연락하면 친절히 가르쳐 줄 겁니다. 이때 반드시 적은 금액부터 연습해 본다는 심정으로 접근해야지, 처음부터 절대 돈벼락을 맞을 생각으로 접근해서는 안 됩니다.

　실제로 입찰을 참가하려면 세관 UNI-PASS 시스템과 상이군경회에 등록을 하시면 되는데, 일반회원으로 등록하신다면 물품을 보는 것은 가능하지만 입찰에는 참여할 수 없습니다. 입찰에 참여하기 위해서는 세무서에 자신의 집주소를 주소지로 해서 사업자등록을 한 다음 앞서 사진자료로 설명 드린 대로 세관 UNI-PASS 시스템과 상이군경회에 사업자등록 정보로 회원가입을 하시면 됩니다. 일반사업자나 법인으로 회원가입 절차가 모두 끝났다면 세관은 공인인증서를 발급받아야 하고, 상이군경회은 서류를 준비해야 합니다.

이때, 세관 UNI-PASS 시스템에는 공인인증서가 필요한데, 공인인증기관에서 발행하는 유료 공인인증서도 있지만, 은행 및 금융권에서 발행하는 유료 공인인증서를 발급받아 사용하는 것도 좋습니다.

단, 이때 통장 또한 개인사업자용 통장 및 사업자우대용 통장을 개설한 후 기업용 인증서로 발급을 받아야 정상적으로 인증서 발급이 가능하며, 발급받은 이후 세관 UNI-PASS 시스템 사용에 문제가 있다면 회원가입시 서비스 종류를 잘못 체크한 경우일 수도 있으니, 세관에 문의해서 신속히 해결하는 것이 좋습니다.

상이군경회은 역시 앞서 설명 드린 대로 기관에서 요구하는 서류를 세무서나 주민센터에서 발급받아 직접 방문하거나 우편으로 발송하면 도착 후 1일 이내에 회원가입 완료사실과 함께 인증번호를 휴대폰 문자나 이메일로 받으실 수 있습니다. 절차가 어렵다면 앞서 말씀드린 등록방법과 입찰방법을 참조하시고, 보다 더 자세한 내용을 원하시는 분은 해당 사이트에 문의하시면 쉽게 해결할 수 있습니다.

체화공매나 상이군경회 공매 쪽을 보면 어려운 품목이나 조건들을 점검하고 풀고 가야 하는 것들이 꽤 있는데, 공매조건 같은 경우에도 체화나 국고에서 다소 틀리고, 의류나 잡화 같은 물건들은 시장조사를 통해 판로가 있다면 매칭을 시켜 판매하는 것이 좋습니다.

입찰할 때 입찰금액의 10%인 입찰보증금을 넣어야 하고, 필요할 경우 수의계약방식으로도 낙찰을 볼 수 있다고 말씀드렸습니다. 출고할 때 본인이 직접 창고로 가든지 위임장으로 대신해 출고한 후 납품하시면 됩니다. 이것이 일반적으로 초보자들이 할 수 있는 세관공매의 전체적인 과정입니다. 이 과정에서 조금만 더 생각하면 굉장히 많은 수익을 낼 수 있지만, 일반적으로 세관공매를 많이 익힌 다음에서야 가능합니다.

계속해서 말씀드리지만, 지금 세관공매를 하고 계신 분들도 적지만, 그 중에서도 대부분의 사람들이 세관공매 개념을 잡지 못하고 세관공매가 어떠한 것인지 모르는 분들이 많습니다. 지금 제가 데리고 있는 직원들도 세관공매에 대해 개념을 잘 모르고 있습니다. 그 직원들은 제가 물건을 지정해주면 창고에 가서 사진 찍고, 납품해서 수금해 오는 일을 하는 등 세관공매 시스템에 대해서는 알고 있지만, 정작 세관공매를 어떻게 해야 하는지 모릅니다.

그래서 세관공매를 시작할 때 어떤 식으로 대처해야 하는지 절실하게 느끼게 되어 세관공매에 대해 구체적으로 알려드리고자 이렇게 책으로 발간하게 된 것입니다. 이 책에 실려 있는 정도를 배우셨다면 창고에 있는 어떤 물건이든지 낙찰받아 판매를 하실 수 있을 겁니다. 하지만 앞으로 여러분들이 배우셔야 할 것들은 저 물건을 어떻게 재포장할 것이며, 어떻게 생각해서 판로를 잡아나갈 것인가 입니다. 이 물건을 마트에 팔 것인가, 온라인에서 팔 것인가, 도매로 팔 것인가, 덤핑으로 팔 것인가, 수출로 내보내야 하는지를 정해야 합니다.

그 전에 이러한 경험들을 체득하고 노하우를 길러야 보다 더 쉽고 안전하게 판매할 수 있고, 높은 시세차익을 노릴 수가 있는 겁니다. 무엇보다 가장 중요한 것은 물건을 낙찰받아 판매하는 것도 중요하지만, 그 물건의 값어치를 합당한 가격에 판매하는 것이 중요하고, 그것이 바로 세관공매의 경험이자 노하우로 축적이 되어 구력이 붙게 되는 것입니다. 그리고 일확천금을 번다는 생각보다는 물건을 자세히 관찰하는 자세와 어떠한 상황에 놓이더라도 차분하게 상황을 정리하고 파헤쳐나갈 수 있는 여유 있는 마음가짐을 부탁드립니다.

킹옥션

참고사항

더 알아두기 (수입통관 절차, 보세구역 구분, 원산지 표기법)

관련 연락처

♔

더 알아두기

출처 : 관세청 전자통관 시스템

■ 수입통관 절차

수입의 의미 (관세법 제2조 제1호)

수입이란 외국물품을 우리나라에 반입(보세구역을 경유하는 것은 보세구역으로부터 반입하는 것을 말한다) 하거나 우리나라에서 소비 또는 사용하는 것으로써 우리나라의 운송수단 안에서의 소비 또는 사용하는 것을 포함하며, 법 제239조에 따라 수입으로 보지 아니하는 소비 또는 사용에 해당하는 물품은 제외됩니다.

수입통관의 개념

수입하고자 하는 자가 우리나라에 수입될 물품을 선적한 선박(항공기)이 '① 출항하기 전, ② 입항하기 전, ③ 입항 후 물품이 보세구역에 도착하기 전, ④ 보세구역에 장치한 후' 중에 선택하여 세관장에게 수입신고하고, 세관장은 수입신고가 관세법 및 기타 법령에 따라 적법하고 정당하게 이루어진 경우에 이를 신고수리하고 신고인에게 수입신고필증을 교부하여 수입물품이 반출될 수 있도록 하는 일련의 과정을 말합니다.

수입통관 절차

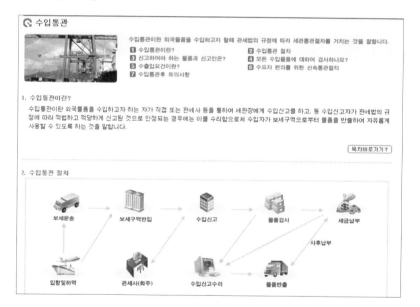

🔍 수입통관

수입통관이란 외국물품을 수입하고자 할때 관세법의 규정에 따라 세관통관절차를 거치는 것을 말합니다.

- 1 수입통관이란?
- 2 수입통관 절차
- 3 신고하여야 하는 물품과 신고인은?
- 4 모든 수입물품에 대하여 검사하나요?
- 5 수출입요건이란?
- 6 수요자 편의를 위한 신속통관절차
- 7 수입통관후 유의사항

1. 수입통관이란?

　수입통관이란 외국물품을 수입하고자 하는 자가 직접 또는 관세사 등을 통하여 세관장에게 수입신고를 하고, 동 수입신고자가 관세법의 규정에 따라 적법하게 적당하게 신고된 것으로 인정되는 경우에는 이를 수리함으로써 수입자가 보세구역으로부터 물품을 반출하여 자유롭게 사용할 수 있도록 하는 것을 말합니다.

[목차바로가기↑]

2. 수입통관 절차

보세운송 → 보세구역반입 → 수입신고 → 물품검사 → 세금납부

사후납부

입항및하역 → 관세사(화주) → 수입신고수리 → 물품반출

신고하여야 하는 물품과 신고인은?

우리나라에서 사용·소비·유통하기 위하여 외국으로부터 우리나라에 도착된 모든 물품은 세관에 수입신고를 하여야 합니다. 일반적으로 무역절차에 의한 수입물품 이외에 개인이 친지로부터 선물로 받거나 인터넷을 통하여 구입하는 물품, 이사물품, 여행자휴대품등도 수입신고대상입니다. 수입신고는 전산설비를 갖춘 수입화주가 직접 신고하거나 관세사에게 통관의뢰하여 물품보관 장소를 관할하는 세관장에게 신고하여야 합니다.

모든 수입물품에 대하여 검사하나요?

물품검사는 수입신고사항과 현품의 일치 여부와 기타 신고하지 않은 물품의 은닉 여부를 확인하여 절차로써 민원인의 불편을 최소화 하는 범위에서 전산시스템 또는 세관장이 선별하여 실시하게 됩니다.

검사대상으로 선별되면 수입화주는 검사에 따른 비용과 파출검사수수료를 부담하여야 합니다. 다만 검사장소가 세관검사장, 지정장치장, 영업용보세창고인 경우에는 파출검사수수료를 면제합니다.

수출입 요건이란?

수출입을 하고자하는 자는 수출입을 함에 있어서 일부 수출입물품에 대하여는 특정 요건(검사·검역·허가 및 추천 등)을 구비하여야 통관할 수 있습니다.

수출입요건 구비 대상물품은 산업자원부장관이 주무부처장의 요청을 받아 일괄하여 공고(통합공고)하고 있으며, 수출입 물품에 대한 검사·검역·허가 및 추천 등은 개별법을 주관하고 있는 부처 또는 주무부처장으로부터 위임을 받은 단체(협외, 조합 등)에서 받아야 합니다.

이중 주무부처의 요청을 받아 국민보건·환경보호·사회안전과 직결되는 물품에 한정하여 요건 구비 여부를 통관단계에서 세관장이 확인하고 있으며, 관련법령에서 규정하고 있는 요건을 구비할 때까지 통관을 보류하게 됩니다.

그리고, 수출입요건 구비대상 물품중 통관단계에서 세관장이 확인하지 않은 경우에도 개별법에서 정한 수출입 요건은 이행하여야 합니다.

수요자 편의를 위한 신속통관절차

관세청에서는 보다 신속하고 편리하게 수입통관절차를 이행할 수 있도록 수요자 입장에서 통관 절차를 지속적으로 개선하여 시행하고 있습니다. 이러한 제도로 수입자가 부두에서 하역과 동시에 부두 밖으로 보세운송하거나, 하역장소에서 즉시 통관하는 부두직통관제도가 있으며 수입 신고전에 간단한 물품정보만 신고한 후 먼저 물품을 반출하여 사용하고 10일 이내에 정식으로 수입신고하는 수입신고전물품반출제도 등이 있습니다.

특히, 2003년 1월 1일부터는 신고서류 제출 생략으로 세관방문이 필요 없는 수입신고를 원칙으로 하고, 예외적으로 서류심사가 필요한 일부 물품에 한정하여 신고서류를 제출토록 하는 서류 없는 (P/L)수입통관 제도를 전면 확대 시행하였습니다.

수입신고시 제출하여야 하는 서류는?

1. 송품장 / 가격신고서

2. 선하증권(B/L) 또는 항공화물운송장(AWB)의 부본

3. 포장명세서

4. 원산지 증명서

5. 세관장이 확인하는 수입요건확인서류

6. 관세감면(분납) / 용도세율적용신청서

※ 전산신고 후 서류제출대상으로 통보된 경우에만 세관에 서류를 별도로 제출합니다. 서류제출대상으로 통보되지 아니한 경우에는 신고인이 서류를 보관 관리하여야 합니다.

수입통관 후 유의사항

수입자는 수입 후 특정한 용도에의 사용 등 의무를 이행하도록 되어있는 물품에 대하여는 당해 의무를 이행하여야 합니다. 수입자가 수입신고수리된 물품에 대하여 원산지표시가 적법하게 표시되지 아니하였거나 수입신고수리 당시와 다르게 표시된 경우에는 당해물품을 보세구역에 반입토록 하여 적법하게 보완 또는 정정한 후 반출하게 하거나 반송토록 하고 있습니다.

그리고 통관단계에서 세관장이 수입요건을 확인하지 않은 물품이라도 개별법령에서 정하는 바에 따라 요건을 구비하지 않은 경우에는 관계법령에 의하여 처벌받을 수 있습니다.

수입통관절차

▶ 수입통관 절차

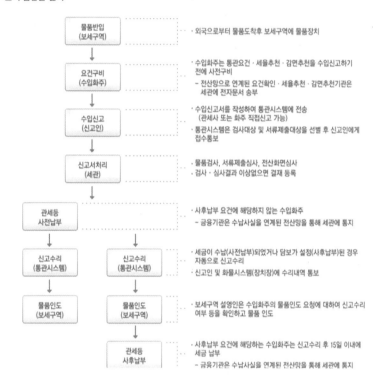

물품반입 (보세구역)	┄┄	·외국으로부터 물품도착후 보세구역에 물품장치
요건구비 (수입화주)	┄┄	·수입화주는 통관요건·세율추천·감면추천을 수입신고하기 전에 사전구비 - 전산망으로 연계된 요건확인·세율추천·감면추천기관은 세관에 전자문서 송부
수입신고 (신고인)	┄┄	·수입신고서를 작성하여 통관시스템에 전송 (관세사 또는 화주 직접신고 가능) ·통관시스템은 검사대상 및 서류제출대상을 선별 후 신고인에게 접수통보
신고서처리 (세관)	┄┄	·물품검사, 서류제출심사, 전산화면심사 ·검사·심사결과 이상없으면 결재 등록
관세등 **사전납부**	┄┄	·사후납부 요건에 해당하지 않는 수입화주 - 금융기관은 수납사실을 연계된 전산망을 통해 세관에 통지
신고수리 (통관시스템) / **신고수리** (통관시스템)	┄┄	·세금이 수납(사전납부)되었거나 담보가 설정(사후납부)된 경우 자동으로 신고수리 ·신고인 및 화물시스템(장치장)에 수리내역 통보
물품인도 (보세구역) / **물품인도** (보세구역)	┄┄	·보세구역 설영인은 수입화주의 물품인도 요청에 대하여 신고수리 여부 등을 확인하고 물품 인도
관세등 **사후납부**	┄┄	·사후납부 요건에 해당하는 수입화주는 신고수리 후 15일 이내에 세금 납부 - 금융기관은 수납사실을 연계된 전산망을 통해 세관에 통지

▶ 수입통관절차 흐름도

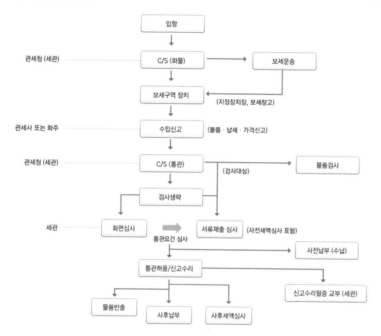

■ 보세구역 구분

보세제도란?

보세구역은 효율적인 화물관리와 관세행정의 필요에 따라 세관장이 지정하거나 특허한 장소로서 수출입 및 반송 등 통관을 하고자 하는 외국물품을 장치하거나, 외국물품 또는 외국물품과 내국물품을 원재료로 한 제조, 가공, 기타 유사한 작업, 외국물품의 전시, 외국물품을 사용하는 건설, 외국물품의 판매, 수출입 물품의 검사 등을 하는 곳입니다.

보세구역 구분

▶ 보세구역구분

보세구역은 **지정보세구역**과 **특허보세구역** 및 **종합보세구역**으로 구분이 됩니다.

구분	개념	종류	설치목적	특장
지정	- 국가·지자체·공합(항만)시설 관리 법인의 자가 소유 또는 관리하는 토지·건물 기타의 시설을 지정 - 지정권자 : 세관장	- 지정장치장 - 세관검사장	- 통관편의, 일시장치 및 검사목적 - 행정상 공공의 목적	소극적
특허	- 사인 토지, 건물 중 신청 - 특허권자 : 세관장	- 보세창고 - 보세공장 - 보세건설장 - 보세전시장 - 보세판매장	- 장치, 제조, 전시, 건설 및 판매 목적 - 사인의 이익추구	적극적
종합	- 특정지역 중 지정 - 지정권자 : 관세청장	- 종합보세구역	- 수출 및 물류촉진 - 개인 및 공공이익 (투자촉진등 조화)	적극적

보세화물의 유통을 원활히 하고 화주가 신속히 통관을 해 가도록 보세구역에는 장치기간을 설정하여 운영하고 있습니다. 관세채권의 확보 또는 보세구역내 질서유지 등을 위해 지정보세구역은 화물관리인이, 특허보세구역은 운영인이 각각 화물에 대한 보관 책임을 지며, 화물관리인과 운영인이 보세구역에 물품을 반출입시 반출입신고를 하거나 보세작업을 하고자 할 때 세관장의 허가를 받는 등 소정의 세관절차를 이행하여야 합니다.

또한 물품의 관리와 세관의 감시에 지장이 없다고 인정된 보세구역에 대하여 화물관리를 운영인 또는 화물 관리인에게 위임하여 자율적으로 운영하도록 하는 자율관리 보세구역 제도를 두어 세관의 직접적인 규제를 완화하고 관세행정의 능률적인 수행과 질서유지가 가능하게 하고 있습니다.

보세화물의 유통을 원활히 하고 화주가 신속히 통관을 해 가도록 보세구역에는 장치기간을 설정하여 운영하고 있습니다. 관세채권의 확보 또는 보세구역내 질서유지 등을 위해 지정보세구역은 화물관리인이, 특허보세구역은 운영인이 각각 화물에 대한 보관 책임을 지며, 화물관리인과 운영인이 보세구역에 물품을 반출입시 반출입신고를 하거나 보세작업을 하고자 할 때 세관장의 허가를 받는 등 소정의 세관절차를 이행하여야 합니다.

또한 물품의 관리와 세관의 감시에 지장이 없다고 인정된 보세구역에 대하여 화물관리를 운영인 또는 화물 관리인에게 위임하여 자율적으로 운영하도록 하는 자율관리 보세구역 제도를 두어 세관의 직접적인 규제를 완화하고 관세행정의 능률적인 수행과 질서유지가 가능하게 하고 있습니다.

보세사란?

이러한 자율관리보세구역에는 보세구역에 장치된 물품을 관리하는 전문 화물관리인인 보세사를 반드시 채용하여야 합니다.

보세사는 보세화물 및 내국물품의 반입·반출에 대한 입회 및 확인 등의 업무를 수행하며, 보세사의 자격은 일반직공무원으로서 5년 이상 관세행정에 종사한 경력이 있는 사람 또는 보세화물의 관리업무에 관한 전형에 합격한 사람입니다.

■ 원산지 표기법

원산지란?

물품의 "원산지(Country of Origin)"란 수출입 물품의 국적을 의미하는 것으로 그 물품이 성장했거나, 생산·제조·가공된 지역을 말합니다.

일반적으로 원산지는 정치적 실체를 지닌 국가를 의미하나 한 국가의 국경선 밖에 있는 식민지, 속령 또는 보호령과 중국 귀속 후의 홍콩, 마카오 등과 같이 독립적 국가가 아닌 지역도 원산지가 될 수 있습니다. 그러나, EU, NAFTA, ASEAN 같은 정치적, 경제적 독립체가 아닌 지역협력체인 경우에는 원산지 국가가 될 수 없습니다.

원산지관련 국제규범은 WTO GATT 제9조(Marks of Origin), 원산지규정에 관한 협정 및 WCO Kyoto 협약부속서 (D.1 내지 D.3)가 있습니다.

이러한 국제규범에도 불구하고 각국은 자국의 이익에 따라 해석·적용하여 원활한 무역을 저해 하는 경우가 있어, WTO에서는 보다 명료하고 국제적으로 통일된 원산지 규정의 제정을 추진하고 있습니다.

우리나라의 원산지 표시제도는 1991년 7월 1일 부터 시행되고 있는데, 대외무역법령에 「원산지 판정 기준」, 「원산지 표시 대상 물품」, 「위반시의 벌칙」등에 관한 규정을 두고 있고, 관세법령에는 통관시의 원산지 및 그 표시의 확인 및 시중 유통 과정에서의 단속 등에 관한 규정을 두어 운영하고 있습니다.

수출입 물품에 원산지를 표시하는 이유

생산 활동의 세계화(Globalization)현상으로 2개국 이상에 걸쳐서 생산되는 물품이 증가하면서, 품질이 떨어지고 임금이 싼 국가의 저가 수입품과 OEM 방식으로 생산한 수입품이 국산품으로 둔갑하는 것을 방지하여 구매 과정에서 소비자가 피해를 보지 않도록 하고, 특정 지역 생산품 (예: 한국산 인삼) 또는 양질의 물품을 생산하는 자(국가)는 원산지를 표시함으로써 소비자로부터 우선 구매의 이익을 얻게 됩니다.

병충해 발생 지역(국가)으로부터의 수입, 멸종 위기에 처한 동식물 등의 국제거래를 통제할 수 있도록 하여 국민 보건과 자연환경에 대한 보호 기능을 합니다.

특정 국가나 지역으로부터 수입하는 특정 물품에 대하여 호혜적으로 관세양허 등 특혜 조치를 취할 때나, 저가 수입 물품에 대한 덤핑 관세를 부과하거나 긴급수입 제한조치 또는 수입 수량을 할당할 때는 당해 물품의 원산지가 기준이 되므로 산업 및 무역정책에 있어서도 중요한 역할을 합니다.

원산지 표시방법

[대외무역법시행령 제55조 내지 제56조, 대외무역관리규정 제76조 내지 제81조]

원산지는 당해 현품에 한글, 한문 또는 영문으로 소비자가 용이하게 판독할 수 있는 위치에 용이하게 판독할 수 있는 크기로 견고하게 표시하여야 합니다.

·현품 및 포장에 표시

원산지 표시는 당해 물품(현품)에 표시함을 원칙으로 하되 현품에 표시가 곤란하거나 표시비용이 과도하게 많이 드는 경우에는 예외적으로 당해 물품의 "포장, 용기"에 표시할 수 있습니다. (예: 비누, 칫솔, 비디오 테이프 등과 같이 상거래 관행상 최종 구매자에게 포장 용기로 봉인되어 판매되는 물품 등)

·한글, 한문 또는 영문으로 표시

예를 들어 '한국, 韓國産, Made in Korea'하여야 하며 프랑스어, 일본어, 중국간자체 등 기타(다른) 언어로 표시하는 것은 우리나라 소비자가 쉽게 알아볼 수 없어 금지됩니다.

·최종 구매자가 용이하게 판독할 수 있는 크기의 활자체로 표시

일반 소비자가 쉽게 알아볼 수 있는 크기여야 합니다.

·식별하기 용이한 위치에 표시

물품의 크기, 특성 등을 고려하여 최종 구매자가 정상적인 물품 구매과정에서 표시된 원산지를 용이하게 발견할 수 있는 위치에 표시하여야 합니다.

 - 원산지 오인을 초래하는 표시와 가까운 곳에 표시 : 주문자 상표부착(OEM)방식으로 생산되어, 수입물품에 표시된 상호, 상표가 당해 물품의 제조국이 아닌 생산 주문자의 것으로 표시된 경우 (예: 일본 SONY사의 워크맨을 제3국(멕시코, 중국 등)에서 SONY상표를 부착하여 생산한 후 우리나라로 수입하는 경우 → 박스 및 현품에 상표 가까운 위치에 같은 크기로 원산지 표시해야 함)

 - 수입물품의 포장 등에 당해 수입물품 제조국의 언어를 사용하지 않고, 한글로 표시하여 일반소비자가 수입물품의 원산지를 오인할 우려가 있는 경우 (예: 태국산 과일통조림의 포장 상에 태국어를 사용하지 않고 한글로만 표시한 경우 → 상표 가까운 위치에 눈에 띄는 색상과 상표와 같은 크기로 원산지 표시해야 함)

 · 쉽게 지워지거나 떨어지지 않는 방법으로 표시

♛ 관련 연락처

인천세관 통관지원과 공매담당 : 032 – 452 – 3228

서울세관 통관지원과 공매담당 : 02 – 510 – 1122

부산세관 통관지원과 공매담당 : 051 – 620 – 6123

공항세관 통관지원과 공매담당 : 032 – 722 – 4133

상이군경회 공매담당문의 : 02 – 541 – 0321

인천공항본부세관 보세창고

보세구역	전화번호	보세구역	전화번호
인천공항세관 지정장치장	032)740-4992	여행자 휴대품 체화창고	032)740-4135
스위스포트코리아(주) 보세창고	032)744-1653~4	스위스포트코리아(주)	032)744-1653~4
대한항공 인천영업용보세창고	032)742-5952	(주)대한항공	032)742-5952
아시아나 인천영업용보세창고	032)744-2346	아시아나항공(주)	032)744-2346
아시아나공항 제1영업용보세창고	032)744-5079	아스공항(주)1	032)744-5079
아시아나 제2영업용보세창고	032)744-2097	아스공항(주)2	032)744-2097
아시아나 인천영업용보세창고	032)744-2346	아시아나항공(주)	032)744-2346
아시아나공항 제1영업용보세창고	032)744-5079	아스공항(주)1	032)744-5079
아시아나 제2영업용보세창고	032)744-2097	아스공항(주)2	032)744-2097
한국공항 인천영업용보세창고	032)742-2344	한국공항(주)	032)742-2344
FX 영업용보세창고	032)744-6244	메더럴익스프레스코포레이션	032)744-6244
UPS 영업용보세창고	032)744-3110~1	유나이티드파슬서비스컴패니	032)744-3110~1
㈜일양익스프레스보세창고	032)744-7849	(주)디에이치엘코리아	032)744-7454
인천항공화물터미널 보세창고A	032)744-7008	인천항공화물터미널 보세창고B	032)744-7721

인천세관 보세구역 장치장 목록

순번	보세구역부호	장 치 장 명	전화번호(국번032)	소재지주소
1	02011776	건청산업(주)보세장치장	884-7311	인천시 중구 항동7가 27-46
2	02011862	경원물산 냉장 보세창고	888-4202	인천시 중구 항동7가 33
3	02088015	고도무역 보세창고	070-8847-1518	인천시 중구 북성동 1가 105-3, 72
4	02010724	고려보세창고	887-3311	인천시 중구 항동7가 27-59
5	02010133	광림물류(주) 보세창고	888-6782	인천시 중구 항동 95-3, 96
6	02010017	국제창고(주) 보세창고	884-1519	인천시 중구 신흥동 3가 69-8 아암물류1단지
7	02010401	그린물류(주)보세창고	888-5325	인천시 중구 항동7가82-7
8	02006118	극동 보세창고	885-0366~7	인천시 중구 항동7가 27-3
9	02013536	대기목재(주)보세창고	811-1188	인천시 남동구 고잔동 705-5 남동공단 134-6
10	02013866	대동시스템 보세창고	814-3379	인천시 남동구 남촌동 607-2 남동공단 38-3L
11	02010011	대상물류 제2창고	888-7611	인천시 중구 항동7가 85-28, 29
12	02011007	대우로지스틱스 보세창고	890-9871~5	인천시 중구 신흥동3가 76번지
13	02010031	대인활어보세창고	889-1691	인천시 중구 항동7가 92-2
14	02077005	대주	777-6400	인천시 중구 항동7가 1번지(인천 내항)
15	02011034	대주중공업 인천지점 보세창고	570-0724	인천시 서구 석남동 640
16	02011099	대한싸이로 보세창고	760-1612	인천시 중구 북성동1가 3
17	02011501	대한싸이로남항 보세창고	885-6664	인천시 중구 항동7가 58-43
18	02013086	대한제당 보세창고	770-1525	인천시 중구 북성동 1가 6-14
19	02012182	대한통운(주)남항 CY보세창고	886-9814	인천시 중구 항동7가 94-1
20	02010040	대한통운(주)남항부두	770-5040	인천시 중구 항동7가 101
21	02011367	대한통운(주)싸이로 보세창고	885-1090	인천시 중구 항동7가 46

152	02006021	한울 CSN 보세창고	02-2664-8401	김포시 고촌읍 전호리702(아라육로 58번길 107)
153	02011305	한일탱크터미널(주)인천보세창고	884-3201	인천시 중구 항동7가 93
154	02010205	한진 제2보세 창고	884-7616	인천시 중구 신흥동3가 7-318, 56-3
155	02010005	한진국제 보세창고	887-8142	인천시 중구 항동 56-10(09.11.1. 이전)
156	02011745	한진냉장 보세창고	766-0985	인천시 중구 북성동1가 6-81
157	02011350	한진싸이로 보세창고	880-6934	인천시 중구 항동7가 29-1
158	02010032	한진인천북항운영주식회사	572-9040	인천시 서구 원창동 396-5
159	02011790	한진중공업 제1보세창고	579-0286	인천시 서구 원창동 381-1,석남동 642
160	02011893	한진중공업 제2보세창고	582-1240	인천시 서구 석남동 655
161	02011927	한진중공업 제3보세창고	579-8188	인천시 서구 원창동 391
162	02011934	한진중공업 제4보세창고	579-8189	인천시 서구 원창동 393
163	02011525	항도 보세창고	581-3300	인천시 동구 송현동 140-7
164	02006084	해안로지스틱 보세창고	888-2992	인천시 중구 항동7가 27-258

165	02018012	헤라우스오리엔탈(주)보세공장	830-8520.1	인천시 남구 학익동587-122
166	02013213	현대제철(주) 보세창고	760-2191	인천시 동구 송현동 1(창조 : 자재관리팀)
167	02010013	화인통상	884-4321	인천시 중구 신흥동 3가 69-8
168	02010810	화인통상 제1보세창고	889-4321	인천시 중구 항동7가 27-222
169	02010027	화인통상 제2보세창고	883-4322	인천시 중구 신흥동 3가 31-20
170	02013015	휴니드테크놀러지스	457-6336	인천시 연수구 송도동 11-11번지
171	02011202	흥아로지스틱스 보세창고	885-6601	인천시 중구 항동7가 31-4
172	02012089	흥아로지스틱스(CY)보세창고	885-6601	인천시 중구 항동7가 31-4
173	02010559	희창물산(주)인천지점 보세창고	889-0381	인천시 중구 항동7가 71-1
174	02010015	희창씨엔에프(주)냉동보세창고	881-3091~4	인천시 중구 항동7가 69-7
175	02012007	E1컨테이너터미널보세창고	880-2355	인천시 중구 항동7가 112
176	02010614	SK에너지(주)인천COMPLEX	570-5151	인천시 서구 원창동 100 번지

22	02011017	대한통운(주)아암국제물류센터	070-8255-4077	인천시 중구 신흥동3가 69-6
23	02011123	대한통운(주)연안창고	885-7521	인천시 중구 항동7가 27-51
24	02011109	대한통운(주)항동 보세창고	770-5218	인천시 중구 항동5가6외7필지 ,4가18외5필지
25	02011398	대호창고(주)제일보세창고	887-2206	인천시 중구 항동7가 91-1
26	02011642	대흥물류 보세창고	887-3678	인천시 중구 신흥동3가 56
27	02013110	동국제강 보세창고	830-6267	인천시 중구 송현동 1
28	02011628	동방 보세창고	880-5616	인천시 중구 항동7가 97
29	02012168	동방콘테이너 CY	880-6001~4	인천시 중구 항동7가 82-7
30	02077109	동부건설 관세자유지역	777-7101	인천시 중구 항동7가 95
31	02011453	동부냉장.냉동 보세창고	890-9264	인천시 중구 항동7가 95
32	02010621	동부안안보세창고	887-4084	인천시 중구 항동7가 57-2. 14번지
33	02012002	동부인천다목적터미널 CY	570-6742	인천시 서구 원창동 396번지
34	02010014	동부인천다목적터미널 보세창고	570-6713	인천시 서구 원창동 396
35	02010889	동부항동보세창고	890-9243	인천시 중구 항동7가 95
36	02010236	동양물류(주)보세창고	882-3190	인천시 중구 신흥동3가 62.65-3
37	02006009	동우로지스 보세창고	884-4032~5	인천시 중구 항동7가 82-1
38	02010250	동화오토엔버즈(주)보세창고	585-0751	인천시 서구 가좌동 173-3외10
39	02018029	두산인프라코어(주)보세공장	211-1174	인천시 중구 화수동 7-11. 18번지 및 송림6동8-344
40	02011178	마이트앤메인 보세창고	880-9000	인천시 중구 항동7가 27
41	02088002	명성유통공동보세창고	887-7171,1440	인천시 중구 북성동1가 105-3. 72번지
42	02010004	문성국제물류(주) 보세창고	884-8496	인천시 중구 항동7가 93-10번지

43	02006017	바이넥스 보세창고	070-7727-6444	인천시 중구 서해대로 42번길 35(신흥동3가 43)
44	02013165	부국철강 보세창고	864-5591	인천시 남구 도화동 686
45	02010023	사이버브랜치(주)	888-2071	인천시 중구 항동 7가 93-11
46	02013639	사조해표 보세창고	570-0331	인천시 서구 가좌1동 178-116

48	02013567	상산실업자가용보세창고	583-6264	인천시 서구 석남동 223-521
49	02011147	상영베이커 보세창고	761-0061	인천시 중구 북성동 1가 83-3
50	02011023	상영물류(주)보세창고	816-2980	인천시 남동구 고잔동 732-14,734-6
51	02013811	상원목재(주) 보세창고	584-6688	인천시 서구 석남동 650-131
52	02013804	상신목재(주) 보세창고	583-4200	인천시 서구 가좌동 178-52. 178-53
53	02010896	서경로지텍보세창고	763-5554	인천시 중구 복성동1가 6-85
54	02012005	서광콘테이너보세창고	887-6913	인천시 중구 항동 7가 82-1
55	02013024	서미트 자가보세창고	850-8500	인천시 연수구 송도동 7-34
56	02006015	선광 복성 보세창고	880-6687	인천시 중구 복성동1가 104-2
57	02077044	선광 제3창고 관세자유지역	880-6687	인천시 중구 항동 7가 52번지
58	02077037	선광 제5-2부두 관세자유지역	880-6687	인천시 중구 항동 7가 39
59	02011329	선광써씨로 보세창고	880-6652	인천시 중구 항동 7가 34-2외
60	02012230	선광인천컨테이너터미널	880-6756	인천시 중구 항동7가 111.111-1.2.112.112-7. 113.113-1
61	02012001	선광종합물류(주)CY	880-6840	인천시 중구 신흥동3가 75
62	02012175	선광콘테이너 CY	889-6690	인천시 중구 항동7가 82-25
63	02011019	선영아암물류(주)	883-0109	인천시 중구 신흥동 3가 692-4
64	02011051	선영아암물류(주)제2보세창고	887-0569	인천시 중구 신흥동3가 38
65	02010029	선인 보세창고	578-9331	인천시 동구 송현동 1-808
66	02010432	세계로물류보세창고	887-0281	인천시 중구 항동7가 57-6.10
67	02006077	세방기업(주) 보세창고	882-0115	인천시 중구 항동7가 76-1
68	02010036	세아로지스보세창고	881-8005	인천시 중구 신흥동3가 53-3
69	02016014	셀트리온 보세공장	850-5127	인천시 연수구 송도동 13-6
70	02011004	수일통상(주)보세창고	885-1390~1	인천시 중구 항동7가 65-16
71	02010762	씨에이씨보세창고	889-0223	인천시 중구 신흥동3가 95-10
72	02013237	씨제이제일제당 인천1공장	881-2546,2513	인천시 중구 신흥동 3가 7-121
73	02013244	씨제이제일제당 인천2공장	881-2623	인천시 중구 신흥동 3가 64

74	02010010	아이엔터씨	572-9310~12	인천시 서구 가좌동 595번지
75	02010034	에스에프에스물류(주)보세창고	889-2277	인천시 중구 항동7가 96
76	02010018	에이씨티엔쿄아물류보세창고	881-6190,92,93	인천시 중구 신흥동 3가 69-8 아암물류제1단지
77	02011024	엔케이지보세창고	885-1200	인천시 중구 신흥동 3가 71-2
78	02011477	연안창고(주)보세창고	885-8744	인천시 중구 항동 7가 49-18
79	02011240	연합 보세창고	882-1641	인천시 중구 신흥동 3가 48-1,2,3
80	02006091	연합창고 제2보세창고	882-4414	인천시 중구 신흥동3가 35-1~, 36
81	02011659	영진공사남항	886-9136	인천시 중구 항동 7가 101-2
82	02011008	영진공사아암보세창고	888-5037	인천시 중구 신흥동3가 76
83	02011233	영진탱크 보세창고	772-4039	인천시 동구 만석동 2-156
84	02013615	영창유직보세창고	570-1050	인천시 서구 가좌동 178-55
85	02006019	와이알물류(주) 보세창고	888-1161	인천시 중구 항동 7가 93-12
86	02006003	우연국제물류(주)보세창고	884-7007	인천시 중구 신흥동 3가 76-1
87	02012223	우연국제CY	888-7007	인천시 중구 항동7가 82-7
88	02006016	우창 보세창고	882-2878	인천시 중구 축항대로 118번길 67(항동 7가 109번지)
89	02011005	원경창고 보세창고	885-5145	인천시 중구 항동7가 27-222외 3필지
90	02010035	원경통상제2보세창고	883-4321	인천시 중구 항동7가 95-5
91	02011518	원일 보세창고	572-6346	인천시 서구 원창동 133-1
92	02013691	유행전기(주)보세창고	814-4269	인천시 남동구 고잔동 718
93	02010542	유연아이보세창고	887-5353	인천시 중구 항동7가57-6
94	02013003	이건산업(주)	760-0323	인천시 남구 도화동 825, 824-1
95	02013512	이건산업(주)제2보세창고	832-9151	인천시 연수구 동춘동 913-6
96	02006018	이디엔드에프인터내셔날스코리아	883-0030	인천시 중구 축항대로 87번길 25(항동7가 46-6)
97	02013756	이레교역(주) 보세창고	568-4911	인천시 서구 경서동 35-74, 205
98	02010353	이원 보세창고	810-2113,2100	인천시 연수구 동춘동 988번지
99	02013378	이화산업(주) 보세창고	571-5221	인천시 서구 석남동 223-1

100	02010157	인성산업(주)보세창고	887-0104	인천시 중구 신흥동3가 37, 44-2
101	02011264	인성산업(주)위험물 보세창고	887-0100~3	인천시 중구 신흥동 3가 46-1,2
102	02011271	인일창고(주)보세창고	885-4341	인천시 중구 항동 7가 70-10
103	02010913	인천로지스틱스보세창고	888-4567	인천시 중구 항동7가 27-6
104	02010026	인천복합운송협회 보세창고	887-7033	인천시 중구 항동 7가 31-4
105	02070001	인천북항다목적부우(주)종합	571-0843	인천시 서구 원창동 396-10
106	02010039	인천북항대한통운(주)부두	579-5780~2	인천시 서구 원창동 396-7외 7필지
107	02002017	인천세관 제1지정장치장	777-9327	인천시 중구 항동 7가 1
108	02002079	인천세관 제2지정장치장	888-2815,6	인천시 중구 항동7가 1-18
109	02002141	인천세관 제3지정장치장	881-0089	인천시 중구 항동 7가182-19
110	02002158	인천세관 제4지정장치장	887-2818	인천시 중구 항동7가 42

106	02010039	인천북항(대한통운(주)부두	579-5780~2	인천시 서구 원창동 396-7외 7필지
107	02002017	인천세관 제1지정장치장	777-9327	인천시 중구 항동 7가 1
108	02002079	인천세관 제2지정장치장	888-2815,6	인천시 중구 항동 7가 1-18
109	02002141	인천세관 제3지정장치장	881-0089	인천시 중구 항동 7가82-19
110	02002158	인천세관 제4지정장치장	887-2818	인천시 중구 항동7가 42
111	02010025	인천컨테이너(주)보세창고	887-8600	인천시 중구 항동 7가 82-1
112	02012008	인천컨테이너(주)CY	887-8600	인천시 중구 항동 7가 82-1
113	02077002	인천컨테이너터미널(주)	890-8821	인천시 중구 항동7가 126-1(남항부두)
114	02010019	인천콜드프라자	888-3161	인천시 중구 신흥동3가 69-5번지
115	02077116	인천항3부두운영	760-3811	인천시 중구 항동7가 55
116	02010033	인천항공통물류보세창고	885-1742,4511	인천시 중구 신흥동 3가 74
117	02007002	인천활어도매업협동조합보세창고	887-7171,1440	인천시 중구 북성동1가 105-3, 72번지
118	02011003	인터지스(주)북항보세창고	830-6953	인천시 중구 송현동 170번지(동국제강 북항부두)
119	02012006	일신물류(주) 콘테이너 CY	070-7509-3669	인천시 중구 항동 7가 36-2, 36-5
120	02011192	임광 제3보세창고	573-5682	인천시 서구 원창동 380,390
121	02011910	임광보세창고	579-5682	인천시 중구 원창동 381, 381-3
122	02010731	정거무역 보세창고	884-7479	인천시 중구 항동7가 27-184
123	02088008	정풍무역 공동보세창고	887-7171,1440	인천시 중구 북성동 1가 105-3, 72번지
124	02013598	조광종합목재(주) 보세창고	583-2411/6	인천시 서구 석남동 650-69
125	02006011	조양국제종합물류(주)보세창고	885-1961	인천시 중구 신흥동3가 74

126	02011635	조양훈우 보세창고	884-7104	인천시 중구 신흥동3가 33-11
127	02010119	조우회 보세창고	882-7931	인천시 중구 신흥동3가 7-225
128	02010748	지성물류 보세창고	887-9774	인천시 중구 항동7가 27-14외12개번지
129	02011219	진아(주) 보세창고	884-9774	인천시 중구 항동7가 91-4
130	02013012	진우상사보세창고	887-0150	인천시 중구 항동7가 27-258
131	02010024	천우로지스틱 제2보세창고	8889-5100	인천시 중구 항동7가 57-3,11,17
132	02010597	천우로지스틱(주)	888-8800	인천시 중구 신흥동3가 49, 49-2번지
133	02010038	천일보세창고	889-1007	인천시 중구 신흥동3가 71-2
134	02011033	천일물류(주) 냉동냉장	820-7921	인천시 남동구 앵고개로 426 (고잔동 690-2)
135	02010669	청도보성창고 보세창고	762-2511,3	인천시 중구 북성동1가 4-1번지
136	02077004	청영	772-4311~2	인천시 중구 항동7가 1-48
137	02011019	청조인천보세창고	887-9977	인천시 중구 신흥동3가 74
138	02013013	케이디에프듀티프리보세창고	765-1444	인천시 중구 만석동 1-37
139	02012010	케이씨티시 CY	884-9413	인천시 중구 항동7가 36-1외
140	02010021	케이씨티시 인천물류센터	886-9841-2	인천시 중구 항동7가 27-8
141	02010360	태평통상(주)보세창고	888-8611	인천시 중구 항동7가 82-7
142	02011707	태정실업(주) 보세창고	887-5511	인천시 중구 항동7가 27-187
143	02006004	태진지엔에스보세창고	818-8011	인천시 남동구 고잔동 684-2(남동공단 114B/4L)

서울본부세관 보세창고

연번	창 고 명	소 재 지	전화번호
1	구내 창고	서울시 강남구 논현동 71	02-542-2862
2	이사화물 장치장	용인시 기흥읍 신갈리 17-7	031-285-4701
3	삼원	서울시 성동구 성수2가 3동 279	02-463-6264
4	신흥식산	서울시 성동구 성수2가 236-5	02-464-0930
5	대한통운	서울시 성동구 성수2가 1동 324-2	02-460-6823
6	천우	서울시 성동구 성수1가 674-3	02-463-5245
7	동양물류	서울시 성동구 성수2가 269-62	02-469-4225
8	선수	서울시 성동구 성수2가 590-2	02-464-0095
9	삼덕	서울시 성동구 성수2가 300-18	02-498-0141
10	태영	서울시 성동구 성수2가 279-25	02-540-6091

부산본부세관 보세창고

장치장별 주소 및 전화번호

연번	창 고 명	소 재 지	전화번호
1	(주)대빙고 냉장.냉동보세창고	부산시 동구 범일5동 252-135	051)630-7705
2	(주)성신자동보세창고	부산시 동구 범일동 252-123	051)633-6544
3	고려수산(냉장)	부산시 사하구 감천동 387-19	051)201-3161~9
4	국보 자성대 CFS	부산시 동구 좌천동 1116번지	051)640-4802
5	대한통운(CFS) 부산진	부산시 동구 좌천동 68-17 외	051)719-5131
6	대한통운컨테이너(주)자유무역	부산 남구 용당동 123번지외	051)620-0322
7	동부부산컨테이너보세창고	부산광역시 남구 감만동 626	051)630-3422
8	동양냉장 송도 보세창고	부산시 서구 남부민동 523-52	051)257-8077
9	동일냉장(주)	부산시 사하구 신평동 554	051)204-1280
10	부관훼리	부산시 중구 중앙동4가 15	051)660-1782
11	부산신항만(주)자유무역지역	부산광역시 강서구 성북동 1488	051)601-8143
12	삼익 자성대 CFS	부산시 동구 좌천동 1116	051)639-7182

13	삼일냉장(주)	부산시 사하구 구평동 150	051)262-3101
14	성보냉장(장림)	부산시 사하구 장림동 510	051)263-9947
15	세방부산터미널(주)감만CY	부산시 남구 감만동 624	051)669-5821
16	에스티엘에스(주)보세창고	부산시 사하구 신평동 370-35	051)204-2021
17	우암터미널(주)CY	부산시 남구 우암동 265번지	051)644-4436
18	인터지스(주)7부두(콘)보세창고	부산시 남구 우암동 246/ 245/ 245-2	051)640-2247, 2249
19	인터지스(주)감만 CY	부산시 남구 감만동 624	051)630-8630
20	한국허치슨터미널(주)부산컨테	부산 동구 좌천동 1116(자성대부두 내)	051)630-8366
21	한진해운신항만(주)자유무역지역	경상남도 진해시 안골동 산118외 62필지	051)220-2366~7
22	현대부산신항만(주)	부산광역시 강서구 성북동 949번지	051)290-1741
23	구내창고	부산시 중구 충장대로 20	051)620-6982